（修訂版）

雅歌清韻

潘麗珠著

嗨，吟誦詩文是件甜美快樂的事情！

＊＊目　次＊＊

序／1

壹、詩文聲情表現的概念界說／1

　　一、一般人的誤解／1

　　二、詩文聲情表現是「讀、誦、吟、唱」，各具

　　　　不同意涵／2

　　三、「讀、誦、吟、唱」的概念界說／4

貳、詩文聲情的美學基礎／9

　　一、字正音準／9

　　二、行腔圓滿／11

　　三、以聲傳情／14

　　四、因聲顯境／16

　　五、凸顯風格／18

參、詩文聲情在教學上的意義／21

　　一、視覺與聽覺共同運用，有助學習與記憶／21

　　二、幫助學習者確實掌握文的情韻

　　　　與詩的可歌性／22

　　三、陶冶性靈，變化氣質／23

四、使教學活潑生動，學生不容易分心／25

肆、散文誦讀的技巧／27

一、古文的誦讀／27

二、現代散文的美讀／33

伍、詩詞曲的吟誦方法與實務運作／37

一、吟誦的步驟／37

二、吟誦的要領／39

三、課堂或社團的實務運作／40

陸、常見的古詩唱調以及套用唱調的問題／44

一、歌仔調／44

二、福建流水調／45

三、天籟調／46

四、宜蘭酒令調／47

五、常州調／48

六、客家調／49

七、文開詩社吟調／50

八、套用唱調的問題／51

柒、現代詩朗誦的形式、技巧
與教學活動進行的流程／53

一、現代詩朗誦的形式與技巧／53

二、團體朗誦教學活動進行的流程／58

捌、CD詩詞曲吟誦譜舉隅／61

玖、CD收錄的詩詞曲、散文及現代詩全文／93

　　一、詩詞曲部分／93

　　　　登鸛鵲樓　塞下曲　過故人莊　觀獵　歸園

　　　　田居　登幽州臺歌　慈烏夜啼　南鄉子　相

　　　　見歡　西江月　四塊玉‧閒適　水仙子‧詠

　　　　江南　宿桐廬江寄廣陵舊遊　登金陵鳳凰臺

　　　　清平樂　採桑子　夜遊宮　大德歌‧秋　沈

　　　　醉東風　水仙子‧春晚　秋風辭　將進酒

　　　　客至　武陵春　清江引　圈兒詞

　　二、古文與現代散文部分／100

　　　　五柳先生傳　岳陽樓記　赤壁賦

　　　　匆匆　故鄉的桂花雨　另外一種遊歷

　　　　雷雨交加的午後／

　　三、現代詩部分／113

　　　　等你，在雨中　夜讀曹操　麥當勞午餐時間

　　　　雨滴的意象　風鈴

　　　　誰願意傾聽　氣象報告　小島速寫　詩海悠

　　　　遊　再鴻門

參考書目／131

| 附　錄 |

從多元智慧理論談關漢卿〈閒適〉的吟誦教學／139
作者與 CD參與者簡介／141
CD 曲目／143
跋／146

序

　　越來越相信：喜愛詩歌吟唱或詩文讀誦是有福的。眾多如珠玉般的篇章在一番自得其樂的吟誦之後，不但心領神會，詞句也記得更牢，即使時間日久，也仍然不會忘記。這樣的經驗，讓筆者內心充滿感恩。尤其今年暑期遠赴美國，在金山灣區緣遇從新紐澤西州趕來的讀經運動推廣者黃碧雲老師，訴說如何喜愛筆者的吟誦，對孩子的讀詩、讀經幫助多大……，令筆者不禁讚嘆：吟誦詩文，真是一件甜美的事！

　　二十年前開始，在臺灣師大國文系和國文研究所的求學過程中，筆者有幸受教於恩師邱燮友教授、賴橋本教授、陳新雄教授和王更生教授。這幾位師長對於古典詩歌的吟唱和誦讀，分別有他們雄渾的功力和獨到的見解，對筆者的啟迪甚大，為筆者往後許多關於吟誦的思索，奠定了極好的根基。由於天性喜歡追根究底，對於以下諸問題，始終耿耿於懷，在腦海中盤旋不去：

　　一、唐宋以前的人是怎樣運用聲音處理詩歌作品？

　　二、據本師邱燮友教授〈中國詩詞古譜蒐集與整理〉一文說，古書中有關曲譜的記錄，至少有「敦煌樂譜、舞

譜、琵琶譜」（於敦煌石室所發現唐五代人的寫本）、
「開元風雅十二詩譜」（收錄於朱熹的儀禮經傳通解）、
「白石道人歌曲」（南宋姜夔自度曲）、「樂律全書」
（明代朱載堉撰輯）、「魏氏樂譜」（明代魏皓所輯）、
「九宮大成南北詞宮譜」（清代莊親王允祿奉敕編纂）、
「納書楹曲調」（清代葉堂編纂）、「碎金詞譜」（清代
謝元淮輯）、「集成曲譜」（今人王季烈、劉富樑合
撰）、「與眾曲譜」（王季烈編輯）等等，而在沒有這些
曲譜以前，詩歌有無既定的曲調可唱？

　　三、對於非知識份子的一般庶民而言，他們又是怎樣
運用聲音表現對詩歌的熱情呢？

　　四、有沒有不依賴唱調、用各種方言都可以表現的吟
誦方式呢？

　　五、運用聲音來表現詩情，究竟有幾種不同的基本方
式？

　　經過長年的思索、考察及驗證，上述疑問的答案逐漸
地越來越清楚了。筆者擬在這本小書中，嘗試提出個人的
部分心得。但這本書畢竟是給一般大眾看的，因此一些較
艱深的學術問題，留在師大國文系的學報去發表。讀者讀
了本書，可以一定程度地掌握到以下幾點：

　　㈠，讀、誦、吟、唱在聲情表現上的不同。

㈡，讀、誦、吟、唱的美學意義。

㈢，讀、誦、吟、唱的聲情表現與教學之關係。

㈣，古文和現代散文的誦讀技巧以及詩詞曲的吟誦方法。

㈤，常見的古詩唱調與套用唱調的問題。

㈥，現代詩個人朗誦和團體朗誦的技巧及教學流程。

必須說明的是：這本小書是新的，兩片CD中現代文學的部分也是新的，但古典文學部分，除了秋風辭、將進酒、客至、武陵春、清江引、圈兒詞的吟誦和古文的朗讀外，其餘的作品則是筆者民國八十一年前後，在「國文天地」擔任副總編輯，爲了提升雜誌的訂閱率而自製的錄音帶舊作。這次也一起收進來了。筆者相信：讀者的身分無論是教師或家長，或者是喜愛詩歌吟唱、散文美讀、新詩朗誦的朋友，藉由這本小書，應該都可以輕易地掌握到方法，而且從中自得其樂。

感謝恩師許錟輝教授和陳滿銘教授對於此次製作、出版的支持，也感謝顏俊傑、林子弘、宋珀源、王振男、張懷中這幾位同學的幫忙，他們雖然都接受過我的指導，但能在一聲招呼之下就一起來完成CD的錄製，情份令我銘感。還有馬銘輝同學的訂譜，以及萬卷樓圖書公司梁總經理和李冀燕主編的努力，終於使「雅歌清韻」能夠順利面

世！當然，最要感謝許許多多熱愛詩歌吟誦和散文美讀的
朋友，正因為你們的鼓勵和催促，愚鈍憨忙的我終於定下
心來寫出本書，繼續歡歡喜喜地為推動詩歌聲情的工作而
努力！

　　　千禧年冬於晉江小築　潘麗珠　謹誌

壹、詩文聲情表現的概念界說

一、一般人的誤解

「讀、誦、吟、唱」是幾個不相同的概念，有人習而不察，把「朗讀」和「朗誦」誤以為是同一件事，又把吟詩和唱詩混為一談。筆者擔任國語文競賽（增添了英文及母語的演講比賽項目後，已改稱語文競賽）的評判多年，甚至聽過幾位中小學教師組的參賽者，把「今天我所要朗讀的篇目是」說成「今天我所要朗誦的篇目是」，如果不是參賽者口誤，可以推知恐怕連某些中小學教師本身，也不很清楚其間的區別。筆者也經常遇見學生或朋友要求「吟唱」古詩作品，當筆者問：「究竟是希望用唱的方式？還是吟的方式？」時，對方往往愕然。由此看來，「吟」與「唱」的不同，許多人實是不甚明白。又，《論語》裡說「誦詩三百」，我們也常說「詩歌朗誦」、「散文美讀」，卻不說「詩歌美讀」、「散文朗誦」，可見「讀」與「誦」確有不同，且其間必有道理存在，只是一般人不加以深究而已。

二、詩文聲情表現是「讀、誦、吟、唱」，各具不同意涵

　　以聲音來表現詩歌或文章的情意，稱之為「詩文聲情」，從古代典籍所載歸納起來，有「讀、誦、吟、唱」四種基本方式，其意涵並不相同。試看《禮記‧內則》記載：「十有三年，學樂、誦詩、舞勺。」細推其意，學樂、誦詩、舞勺這三件事，本質上都和音樂有密切的關係，也就是說，「誦詩」並不只是單純地把詩念出來，而是一種更具音樂性的、用聲音處理詩的方式。雖然如此，如果參考《墨子‧公孟》篇「誦詩三百，弦詩三百，歌詩三百，舞詩三百」的說法，可以明白「誦」和「歌」畢竟還是不一樣，「誦」的音樂性不如「歌」，這裡的「歌」，應是有音樂伴奏的方式，也就是一般人所理解的「唱」，而所謂「徒歌謂之誦」，徒歌便是接近清唱的形式，只是並不一定按照既定的唱調。

　　而〈漁父〉一文提及：「屈原既放，游於江潭，行吟澤畔。」依屈原當時的情緒和身心狀態，以及行文的意蘊推測，「行吟」必然和縱聲朗誦與放懷高歌不同，那是一種有苦難伸、不知也不便向誰人去訴的自我沈吟。又《文心雕龍‧聲律》說：「聲畫妍蚩，寄在吟詠。」點出了「吟詠」可以反映、刻畫、透示聲音情感的色澤有如繪畫一般

的亮豔與否。這就同時暗示了「吟詠」本身的創造性和自由性。當然，聲音的創造和自由都來自於發聲者，也就是說，「吟詠」就發聲者的我們而言，是最具創造性和自由性的。

東晉王嘉《拾遺記》記載賈逵幼時聽讀經書的故事說：「賈逵年六歲，其姊聞鄰家讀書，日抱逵就籬聽之。逵年十歲，乃誦讀六經。」此一記載，說明賈逵因其姊抱著他聽鄰家人讀書，久而久之他也記下了讀書的內容，於是年方十歲就能誦讀六經。其間透露了「誦」有默背的意思，且基礎是建立在「讀」的上面。雖說「誦讀六經」，但畢竟「讀」與「誦」的意義並不一樣。「讀」分默讀和朗讀，都是有書本當前，看著字句往下念，只不過，默讀不念出聲音而已。

至於吟、唱，今人台東師院林文寶教授在評論華一音樂視聽中心民國七十二年出版的《中國詩詞吟唱》時說：「其間所謂的吟唱，即是指用固定的調子加以歌唱，事實上已不是吟，已類似清唱，或如西洋歌劇中的吟唱調。」（見文史哲出版社《朗誦研究》）明白指出「吟」和「唱」的確有別。「唱」既然是「指用固定的調子加以歌唱」，相對的，「吟」顯然不一定有固定的調子。

由上所述可知，「讀、誦、吟、唱」，的確各具不同

的意涵。

三、「讀、誦、吟、唱」的概念界說

　　承上文，我們可以為「讀、誦、吟、唱」做以下的界說：

　　「**讀**」，就是像說話一樣，但比說話更講究聲音的抑揚頓挫，以及情感的美化、深化、清楚化，不過，不能偏離自然。所謂「抑揚頓挫」，指聲音的高、低、小停頓、大休止。我們平常說話的確是有情緒的，例如稱奇或表達難以置信的語言情緒，和等人等得不耐煩的語言情緒當然不同；又如激動不已時，和悲傷難忍時的語言情緒也大不相同。「讀」文章的時候，就必須把文章的語言情緒刻畫出來，注意同一句子中也可以有抑揚頓挫的設計，而不是只在不同句子裡考慮抑揚頓挫。好比「我打江南走過」一句，可以是「我打」兩字音低，「江南」兩字抬高，「走過」兩字又降低；也可以是「我打」兩字音抬高，「江南」兩字更高，「走過」兩字降低；據此類推。哪個詞的聲音要抑、或揚，全看讀文章者的體會，他必須多所嘗試，以找出最合乎文章情韻的讀法。然後，語言情緒的刻畫決不能誇張到有失常人接受的範圍，否則，就不能算是成功的、好的讀法。

「誦」，從「甬」字得聲。「甬」，「隆起」的意思，因此「誦」就是把關鍵字詞或句子的聲音抬高、拉長，但絕不可以每字、每句都抬高音或拉長音，因為聲音的長、短或高、低，都是相對的觀念，沒有短、低，就顯不出長、高。許多人對「朗誦」敬而遠之，不敢領教，原因就出在「朗誦」一旦陷入「字字爭誦」（每字都拉長音、抬高音）或「句句爭誦」（每句都拉長音、抬高音）的表達形式中時，便形成了「哀嚎不已」的慘狀，令人渾身起雞皮疙瘩，自然便「保持距離」，引不起學習的興趣了。

一般說來，朗誦的形式分「個人朗誦」和「團體朗誦」兩種。而「個人朗誦」以朗誦原詩樣貌為主，較少加上額外的詩、文處理，也就是說以保持原詩的內容為宜；「團體朗誦」則在不違逆原詩的詩意與精神的條件下，運用五種基本技巧（見後文「團體朗誦的形式與技巧」部分），錯綜變化以突出效果，風格十分多樣。

「吟」，從「今」字得聲，嘴形沒有張得很大，是一種沒有譜的、自我性很濃厚的哼哼唱唱，有極大的空間可以發揮創意，只要順著文字聲調去發展音樂旋律，使字調和聲腔完全結合，不讓字調倒掉即可。（例如把「青春」哼成「請純」、「花已盡」哼成「華衣錦」等等就是倒

字；幾年前有一首流行歌曲「妳知道我在等妳嗎」，唱起來變成「妳知道我在瞪妳媽」，就是倒字所引起的笑話。不過，流行歌樂著重旋律性更甚於語文的要求，所以應該另當別論。）這種方式，使用國語、閩南語、客家話、廣東話、四川話……任何一種漢語方言，都可以行得通。

「唱」，從「昌」得聲，嘴形張得很大，是有一定的腔調、固定的節拍可供依循的表現方式。一般所謂的唱調，無論是創制或經過整理，都有確定的聲腔旋律，也可以說是有譜的，因此，唱的人按譜行事，伴奏的人也照譜行腔，無論節奏快慢、旋律高低，都有定規，所以許多人一起合唱也不成問題。而且，因唱調是現成的，某些詩歌作品套用已有的唱調來學習，不失為一種方便的學習方式。

最後，無論是「讀、誦、吟、唱」哪一種方式，都必須以表現文字情意為最重要的依歸，也就是說，聲情是為文情而服務的。此外，「讀」或「誦」可以夾帶「吟」或「唱」以求方式的變化，「吟」或「唱」時也可以夾帶「讀」或「誦」，不過詩歌大抵是以「吟、唱」加「誦」的方式居多，而文章較單純地以「讀」為主，偶爾加入「誦、吟」以求活潑。例如關漢卿元曲小令【南呂四塊玉・閒適】：「舊酒沒，新醅潑，老瓦盆邊笑呵呵」，用

「吟」的方式，接下來「共山僧野叟閒吟和，他出一對雞，我出一個鵝」用「誦讀」的方式，最後一句「閒快活」又恢復「吟」的方式便是。而蘇軾〈赤壁賦〉因屬辭賦類的文章，「桂棹兮蘭槳，擊空明兮泝流光。渺渺兮予懷，望美人兮天一方。」四句可以用「吟」的方式，其他文句仍以「讀」爲主，也可以夾讀夾誦。

貳、詩文聲情的美學基礎

　　《文心雕龍・聲律》說：「聲畫妍蚩，寄在吟詠。」固然是說透過吟詠這種具有創造性的藝術活動，可以讓人明白詩歌的聲音之美，但也肯定了吟詠是可以表現詩歌的聲情美感的。然則，吟詠如何表現詩歌的聲情美感呢？可以從以下五方面來說：

一、字正音準

　　所謂「字正音準」，就是無論使用什麼地區的語言，都必須要求發音準確、聲調清楚。特別是以國語朗讀古文時的「者、也、矣」等句末上聲字的音調拿捏，更需嚴格講究。以國語朗讀古文，句末上聲字的讀法有三種：第一種是讀「前半上」，第二種是把上聲的「214：」調「讀到」，第三種是把上聲調「讀足」。這三種讀法，分別是在什麼樣的狀況下讀出來的呢？例如陶潛〈五柳先生傳〉的「先生不知何許人也」和「好讀書，不求甚解」，「也」和「解」字，因都是句中語氣停頓處，只要將上聲的「214：」調「讀到」即可；「宅邊有五柳樹」句，「柳」字因下面緊接著有字，只能讀前半上的「211：」

調；但到了「晏如也」句，「也」字因是句末表示語氣完結的意思，上聲調必須「讀足」了，也就是讀得很完整，才能顯示出文氣。（請參考CD〈五柳先生傳〉的朗讀）上聲字還有一種特別的讀法，那就是「也」字出現在疑問句的末尾時，如「何為其然也？」此時「也」要讀成「耶」，以示疑問的語氣。

　　另外，古文沒有輕聲字，語體文則有許多輕聲字和ㄦ化音，在朗讀的時候都要細心處理。當然，國語的聲母吐字要嚴格區分ㄓㄔㄕ和ㄗㄘㄙ、ㄐㄑㄒ和ㄗㄘㄙ、ㄖ和ㄌ、ㄋ和ㄌ、ㄏ和ㄈ的差別，而韻母的ㄢ和ㄤ、ㄣ和ㄥ、ㄟ和ㄝ要讀正確，也是「字正音準」的要求。

　　至於，用閩南語讀古詩要注意「語音和讀音」的問題。以李白〈將進酒〉為例，「呼兒將出換美酒」的「換」字，閩南語有ㄨ開頭和ㄏ開頭的兩種念法，但在讀詩或吟詩時，要念ㄏ開頭的音才對。又例如「一」字有ㄧ和ㄐ兩種開頭的念法，吟詩時要念ㄧ音開頭的才對。諸如此類，閩南語的語音和讀音問題遠比國語複雜，若不弄清楚，一不小心就會貽笑大方。讀者可以參考楊青矗所編《臺語大辭典》，以明白閩南語的語音和讀音。筆者認為：吟詩或誦詩，只要能夠確實詮釋詩歌原作的情感，用何種語言應看交流或學習者的方便性而定。本書所舉的詩例或文例，

便是以國語發音為主。

二、行腔圓滿

這一點和詩歌的吟、唱密切攸關,讀或誦的行腔問題較小。說到吟詩,行腔要講究韻母的歸音。所謂講究韻母的歸音,就是要注意韻頭、韻腹、韻尾,以張可久的【清江引】末句「一聲杜鵑春事了」的「了」字為例,「了」的韻母韻頭是ー,韻腹是ㄚ,韻尾是ㄨ,吟詩時都要照顧到才算準確。所謂「行腔圓滿」,大陸學者陳少松認為可以從「調其氣」、「準於情」、「精於技」三方面講求(見陳著《古詩詞文吟誦》),以下的說法既參考了陳說,也融入筆者的體會。所舉的例子,都可從CD中找到印證。

調其氣:吟誦詩文時,氣息的調理是十分重要的,以朗讀或朗誦來說,有些句子雖然分成二、三句,卻必須一口氣念下來,或是形成音斷而氣不斷的實質,例如范仲淹〈岳陽樓記〉「銜遠山,吞長江,浩浩湯湯,橫無際涯」句,要讀得一句緊接著一句,音斷而氣不斷,才能顯示出洞庭勝狀。又如蘇軾〈赤壁賦〉「方其破荊州,下江陵,順流而東也」句,也是要一口氣讀下來,才能彰顯曹操一世之雄的氣概。朗誦的例子如獨誦余光中〈夜讀曹操〉「一臂

／把燈塔的無畏，一拳／伸向那一片恫嚇，恫黑」句，分別由「一臂」和「一拳」構成兩組需一口氣朗誦下來的句組，在「恫嚇」和「恫黑」之間，是音斷氣不斷的朗誦方式，詩的韻味方可具足。

以吟或唱來說，李清照〈武陵春〉「風住塵香花已盡，日晚倦梳頭」句，兩句之間的氣口很小，也就是說換氣要很快，否則韻味便會流失；再如王維〈山居秋暝〉「明月松間照，清泉石上流」，因是在同一個押韻韻腳的語長之內，所以兩句之間的聯繫得緊密些，吟唱時最好一口氣連貫下來，若要換氣，氣口也是極小，文氣、韻味才符合詩情。至於，要使氣息能夠在詩文聲情的運用上合乎需要，則必須鍛鍊腹式呼吸的方式。讀誦吟唱時控制好氣息的使用，在適當的大小氣口換氣或偷氣，久而久之，累積了經驗，就能做到發聲響亮、飽滿、圓潤、優美且行腔婉轉、圓活、動聽。而為了能讓氣息調整到盡為吾用的理想狀態，平時宜多做以腹部深呼吸的吐納練習，練習時肩膀放鬆，兩手放在腹部接近肚臍下方的位置，以方便感知腹部鼓起和縮回的情形，這其實就是一般所謂「練丹田」呼吸之意。

準於情：所謂「情動於中而形於言」，詩文聲情的表現，其聲音的高低、長短、輕重、抑揚、頓挫、斷續、疾

徐等等，都會影響到對作品的詮釋；反過來說，作品本身
思想情感的起伏變化，必得靠聲音的高低、長短、輕重、
抑揚、頓挫、斷續、疾徐等等來傳現。一篇作品有其情感
的基調，但細緻地玩味句與句、段落與段落之間的情感起
伏，更是詩文聲情表現最為動人之處。例如張可久【清江
引】「江空月明人起早，渺渺蘭舟棹。風清白露洲，花落
紅雨島。一聲杜鵑春事了。」全篇的基調是婉轉悠揚，而
且帶有一點淡淡的憂傷，但全篇五句中，前四句和最後一
句的情致顯然是不一樣的，最後一句的音響應比前四句都
要低，才能顯示「杜鵑」不如歸去的象徵意涵。又例如李
清照〈武陵春〉：

　　　風住塵香花已盡，日晚倦梳頭。物是人非事事
休，欲語淚先流。　　　聞說雙溪春尚好，也擬泛輕
舟。只恐雙溪舴艋舟，載不動，許多愁。

就像李清照其他後期作品一樣，全篇籠罩著排遣不去的愁
緒，作品的基調無疑是傷感難過的，但下闋的開頭兩句，
聲情表現卻應該較其他句子樂觀愉悅些，方得以摹擬心情
似有轉機。到了第三句才又回到憂傷的意味，因此節奏漸
慢，聲音漸低，甚至還要呈現幾分的悽楚才合乎作品的韻

致。（請參考CD〈武陵春〉的吟誦）

　　精於技：有關於這一部分的詳細說明，可以參考目次所列談技巧或要領的其他章節，這裡先提的是「收音的講究」：句末字尾不能收得太快、太硬，應讓氣流慢慢地由強到弱，聲音漸漸地從字腹過渡到字尾。講究收音，才不會感覺收束匆促、草率，聽起來軟弱無力。建議讀者多揣摩CD所收錄的作品，自能了然於心，多做練習，就會日進有功。

三、以聲傳情

　　人的聲音可以表現情感，可以顯現歡聲、疑聲、怒聲、厲聲或驚聲等等，而這些聲音都可以用來細膩地表現作品的情韻。詩文的聲情表現很重要的一個觀念就是：運用聲音傳達作品的情意以感動聽者。詩文作品是有情意的，據陳少松說，古代作品用聲寫象的方法主要有三種：「第一，用摹擬事物聲音的象聲詞直接刻畫被描寫的對象。第二，字音的選擇往往與表情達意有關。例如詩、詞、曲等韻文的用韻上。第三，聲音的抑揚頓挫往往是情感起伏變化的表現。」其實現代作品也是一樣，我們以朱自清的〈匆匆〉為例，全文固然是感慨時光流逝、一去不返，但並不是一開始就感慨起的。開頭六句「燕子去了，

有再來的時候；楊柳枯了，有再青的時候；桃花謝了，有再開的時候。」還是要使用歡聲讀得較喜氣些，因為燕子、楊柳、桃花都有希望，然而文章從「但是」開始，聲音就要準備轉為感慨的情緒了，到「我們的日子為什麼一去不復返呢？」不但感慨，還要加上疑問，尤其「那是誰？又藏在何處呢？」「現在又到了那裡呢？」更是疑聲漸揚。

再以范仲淹〈岳陽樓記〉為例，文中所言「登斯樓也，則有去國懷鄉，憂讒畏譏，滿目蕭然，感極而悲者矣。」宜使用悲聲緩速來讀，才能合乎文情。而「登斯樓也，則有心曠神怡，寵辱偕忘，把酒臨風，其喜洋洋者矣。」宜使用歡聲、節奏較前者稍快的方式來讀，且聲音要略大，情趣才對。至於使用怒聲者如「陰風怒號，濁浪排空」，使用厲聲者如「商旅不行，檣傾楫摧」，使用驚聲者如「覽物之情，得無異乎？」便是。

又如明代無名氏的作品〈圈兒詞〉，這首曲子的最後兩句「還有那數不盡的相思，把一路圈兒圈到底。」在聲情表現上，因為前面的兩句「整圈兒是團圓，破圈兒是別離」行低音腔，而數不盡的相思是此曲的高潮，所以這兩句從「還有那」開始便行高腔，而在「相思」二字到達最高，「把一路圈兒」維持高音，「圈到底」的行腔再漸次

下滑。（請參考CD所收錄音）這樣的安排，爲的就是傳達作品的情致。

四、因聲顯境

所謂「因聲顯境」，就是運用聲音的抑揚頓挫、語速的疾徐變化和腔調的婉轉曲折，塑造出作品的意境，令聽者有如親臨眼見一般。作者在寫作時，往往賦予作品特殊的背景情境，好比林良先生的〈另外一種遊歷〉，背景是一天的早晨十點到十二點，情境是左鄰右舍的聲音及太陽的光影變動；廖玉蕙〈雷雨交加的午後〉，背景是下午家人外出時候，情境是風雨驟至、作者擔心家人；余光中的〈夜讀曹操〉，背景是寒流之夜，情境是作者心情激盪既想喝茶又想喝酒。（以上作品請參見「玖、CD收錄的詩詞曲、散文及現代詩全文」）這些背景情境，都要用聲情處理出來。以下，試以范仲淹〈岳陽樓記〉一、二段爲例，具體說明：

第一段敍述寫記的緣由，聲情較爲平穩，但「政通人和」四字仍要顯現喜悅之聲。第二段的聲情則開闊起伏較大，「予觀夫巴陵勝狀，在洞庭一湖。」聲音漸揚，「勝狀」一詞，聲音要大。「銜遠山，吞長江，浩浩湯湯，橫無際涯」，速度逐漸加快，一句緊接一句，音斷而氣不

斷，到「際涯」一詞收音飽滿。「朝暉夕陰」稍顯柔和，「氣象萬千」又揚聲高大。「此則岳陽樓之大觀也，前人之述備矣」兩句則聲大而平穩，尤在「大觀」和「備」字上更用力。從「然則北通巫峽」起，聲情轉而略帶感慨，「南極瀟湘，遷客騷人，多會於此」，感慨越濃。到「覽物之情，得無異乎？」則使用疑聲加驚聲，且「異」字加重音。

　　當然，〈岳陽樓記〉中「若夫霪雨霏霏」和「至若春和景明」兩段，在情境上有截然不同又極其鮮明的形象，朗讀者的聲情表現自然不可輕易放過，必得運用聲音的抑揚頓挫、語速的疾徐變化來重塑作者所寫之境，方能展示一憂一樂的實情。又例如國立編譯館國中課本第五冊所選琦君（潘希眞）的〈故鄉的桂花雨〉，第三段中這麼寫著：

　　　「搖桂花」對於我是件大事，所以老是盯著母親問：「媽，怎麼還不搖桂花嘛？」母親說：「還早呢，沒開足，搖不下來的。」可是母親一看天空陰雲密布，雲腳長毛，就知道要「做風水」了，趕緊吩咐長工「搖桂花」，這下，我可樂了。幫著……

背景情境非常明顯，朗讀時須把先前作者的撒嬌、母親的

沈穩，後來母親的緊張、作者的興奮表現出來。作者的撒嬌可以用孩子的口吻，嬌聲地讀；母親的沈穩則以不疾不徐、老練的口吻表現。「可是母親一看」接句稍爲緊湊些，以顯現母親的緊張；而誇張用力地念「樂」字，以示作者的興奮。

詩文是有情境的，如何因聲顯境，以帶領聽者進入作品的意境、領略美感，也是詩文聲情表現的重要課題。

五、凸顯風格

詩文的聲情表現，是一種具有創造性質的藝術鑑賞活動，其特殊處，就是能充分地顯示表現者不同的個性與鑑賞層次。有人自覺音色不好，便對詩文的讀誦吟唱缺乏信心，可是詩文聲情表現聽的不完全是音色，更看重的是韻味。每個人的聲音條件都不相同，讀誦吟唱的方式也互有差別，再加上生活體驗、思想情感、性格特徵、審美趣味、藝術修養和師承背景的不同，難免表現方式不一，但無論如何，只要能夠正確、深入地鑑賞作品，越多所玩味與咀嚼，就越能掌握作品的音樂美和意境美。

然後，在這樣的基礎上凸顯自己的風格，自能塑造一種聲情的美感，引發聽者的注意力。從CD中的兩首團體朗誦的作品，〈夜讀曹操〉和〈麥當勞午餐時間〉，可以非常

清楚地聽見幾位朗誦者不同的音色；而從幾位不同的個人朗誦裡，也可以聽見不一樣的表現風格，這是極其正常、自然的事，只要表現得宜，沒有什麼不好。男聲有男聲的特色，女聲有女聲的優點；成熟的聲音有其磁性，稚拙的聲音也有其佳處。如何善用聲音，發揮所長，是詩文聲情表現藝術關乎再創造以凸顯風格的一個要點。

參、詩文聲情在教學上的意義

詩文聲情教學，具有以下幾點意義：

一、視覺與聽覺共同運用，有助學習與記憶

我們如果觀察一般學生背書的情形，可以發現他們多半是默背、不出聲音的，等考試過後，很快就忘掉所背的文章。爲什麼會這樣？因爲默背課文只運用了視覺的學習效能，而單一地依賴一種感官的學習，其成果必然大打折扣。現代的學習策略，講求的是多元化的綜合學習方式，也就是運用多種感官的學習效能，以增進學習的速度，增長記憶的時間，增強記憶的正確性，此之謂「高效率的學習」。早在南宋，朱熹即說過讀書有三到，《朱子語類》第十卷寫著：

余嘗謂讀書有三到：心到、眼到、口到。心不在此，則眼看不仔細，心眼既不專一，卻只漫浪誦讀，決不能記，記亦不能久也。

「心眼專一」加上「口到」，口到有聲，聽覺就可發

揮作用，這樣就能記得長久，因為：眼看作品，口中或讀或誦或吟，作品文字所顯示的意義和作品語言所具有的聲音分別作用於我們的眼睛和耳朵，我們的情感會被聲音所激起，同時我們的思維——理解和想像——開始活躍起來，依據視覺、聽覺和聯合感覺所提供的意象，憑藉平時累積的各種知識和體驗，喚起了強烈而深刻的記憶，對學習絕對有極佳、極大的幫助。

二、幫助學習者確實掌握文的情韻與詩的可歌性

　　以教師的立場來說，文章的情韻如果只在字義修辭謀篇上分析、解說，而不透過聲情的示範教導，充其量，只是二分之一的文情教學，不能稱得上全面的語文教學。這就難怪我們的學生絕大部分不知道該怎樣朗讀文章，不知道該如何吟誦詩歌。而極珍貴的誦讀藝術與傳統，就這麼漸漸失傳，越來越沒有後繼者了。全面的語文教學，必須兼顧「文情」與「聲情」，教師若能透過聲情的示範教導，必可幫助學習者確實掌握文的情韻與詩的可歌性。美學大師朱光潛於《談美書簡》中說：

　　　　過去我國學習詩文的人大半都從精選精讀一些模範作品入手，用的是「集中全力打殲滅戰」的辦法，

> 把數量不多的好詩文熟讀成誦，反覆吟詠，仔細揣摩，不但要懂透每字每句的確切意義，還要推敲出全篇的氣勢脈絡和聲音節奏，使它沈浸到自己的心胸和筋肉裡，等到自己動筆行文時，於無意中支配著自己的思路和氣勢。這就要高聲朗誦，只瀏覽黙讀不行。這是學文言文的長久傳統，過去是行之有效的。

雖然談的是自學者的學習，卻提醒我們：教師對學生的教導，若能使他們熟讀成誦，反覆吟詠，一定也可以讓他們推敲出全篇的氣勢脈絡和聲音節奏，使它沈浸到自己的心胸和筋肉裡。則文章的情韻自然胸有成竹，詩的可歌性也了然於心，對於「詩」與「文」的區別，除了形式方面的理解，音樂性的差異也就能夠明白。

三、陶冶性靈，變化氣質

動人的聲情，具有「陶冶性靈，變化氣質」的美育功能。豈不聞：「腹有詩書氣自華！」這話雖然說的是多讀詩書，但怎麼讀進心裡去而能反映在外表的氣質上，還是跟詩文聲情的學習與表現有關。筆者認為晚清況周頤《蕙風詞話》卷一的一段話說得好：

　　讀詞之法，取前人名句意境絕佳者，將此意境締
構於吾想望中。然後澄思渺慮，以吾身入乎其中而涵
詠玩索之。吾性靈與相浹而俱化，乃真實為吾有而外
物不能奪。

性靈能夠和前人名句意境絕佳者相浹而俱化，終於此意境
真實成為自己所有而外物不能奪，天下最好的財富莫過於
此！俗話說給孩子一條魚不如教他釣魚，筆者認為教孩子
釣魚不如培養他有智慧的頭腦、有性靈的情懷，讓他自己
判斷該做什麼、該怎麼做，且做的時候怎樣擁有人的尊嚴
與格調。而要性靈能夠和前人名句意境絕佳者相浹而俱
化，吟詠諷誦是很重要的功夫，甚至可以說是陶冶性靈的
不二法門。因為純粹的「看」容易忘，以聲情表現幫助學
習則不容易忘，不容易忘則可產生持久的效果，一旦身體
力行，化於內心的性靈便自然而然地指導其行為，外顯的
氣質就不一樣了。葉聖陶就肯定吟誦會讓孩子達到一種境
界，終身受用不盡。他在與朱自清合著的《精讀指導舉隅》
的前言中說：

　　吟誦的時候，對於研究所得的不僅理智地了解，
而且親切地體會，不知不覺之間，內容與理法化而為

　　讀者自己的東西了，這是最可貴的一種境界。學習語
文學科，必須達到這種境界，才會終身受用不盡。

　　因此，筆者一再地倡導詩文聲情教學，且在教導學生
時讀誦吟唱親身實踐，良有以也。

四、使教學活潑生動，學生不容易分心

　　國文課，老師講得辛苦，學生聽得意興闌珊。自己讀
還不會嗎？反正課文後面都有注釋，又有賞析，國文還不
就是背，背，背。無論程度好壞，有這種想法的學生還真
不少。筆者始終以為：學生上課的興趣濃厚與否，教師要
負一半以上的責任。二十多年前，校園出現過「如果教室
像電影院」的話題，如今已然證實教室有時候是可以像電
影院。那麼，如果國文課像唱卡拉OK，或如果國文課像
演一齣戲呢？這並非不可能的事情，只要教師在進行詩文
教學時，稍為費心做一些安排，例如教唐詩宋詞，讓學生
或吟或唱，可以獨唱，也可以合唱、輪唱、疊唱；教現代
詩，讓學生詩歌朗誦；教散文，讓學生角色扮演，演一齣
小小戲。同一所學校裡的國文科教師，以教同年級者為一
組，分工合作，發揮集體戰力，設計詩文聲情的教學活
動，將一學期甚至一學年的上課時數與課數做統整性的安

排，考慮在段考之後、學生的功課壓力較輕之際，教導學生或朗讀或朗誦或吟唱，再不然，每節課抽出十到十五分鐘玩一玩，相信學生就算想不專心也難，這就是「在做中學」的理念實踐。不是孩子容易分心，是課程不夠活潑，鮮少引起他們的學習興趣；然而國文課不是無趣的課，無趣的，是教師不肯動腦筋的心情。

肆、散文誦讀的技巧

　　散文的誦讀必須區分「古文」和「現代散文」兩方面來談，因為兩者的聲情處理方式並不完全相同。「古文」若遇到辭賦類或悼祭性質的文章，夾「誦」的成分就很大，「現代散文」除非是文中有詩，否則以接近說話的自然方式「美讀」即可。

一、古文的誦讀

　　關於文章的誦讀，古人對於音韻的抑揚、輕重，早就有了看法，《宋書·謝靈運傳》：

　　　　夫五色相宣，八音協暢，由乎玄黃律呂，各適物宜。欲使宮羽相變，低昂互節，若前有浮聲，則後須切響。一簡之內，音韻盡殊；兩句之中，輕重悉異。妙達此旨，始可言文。

「欲使宮羽相變，低昂互節，若前有浮聲，則後須切響」說明了文句像音樂一樣，須注意抑揚、高低的協調，「一簡之內，音韻盡殊；兩句之中，輕重悉異」點出了一篇文

章的情調因流轉而有變化,前後的句子則有輕、重的不同。〈謝靈運傳〉的這一段話,在處理誦讀古文的聲情上,給予我們極好的啓示。而在古代,對於誦讀的功夫十分重視,又能提出許多具體意見者,莫過於清代桐城派古文家。劉大櫆就說:

> 學者求神氣而得之音節,求音節而得之字句,思過半矣。其要只在讀古人文字時,設以此身代古人說話,一吞一吐,皆由彼而不由我。爛熟後,我之神氣即古人之神氣,古人之音節都在我喉吻間。合我喉吻者,便是與古人神氣音節相似處,自然鏗鏘發金石。

而姚鼐在〈古文辭類纂序〉中,點出「神理氣味」和「格律聲色」是古文的菁華所在,需靠誦讀才能體悟其中的奧祕。然而「神理氣味」和「格律聲色」畢竟不是那麼容易明白,我們不妨看看較近的說法。據大陸學者陳少松在《古詩詞文吟誦》一書中說,近代著名教育家唐文治先生(一八六五～一九五四)曾由桐城巨子吳汝綸處學得吟誦古文的方法,提出了「熟讀精審,循序漸進,虛心涵詠,切己體察」十六字讀書法。這十六字讀書法,果然和上引劉大櫆所說的精神一脈相承。但是「循序漸進」的

「序」，究竟是怎樣的呢？今人林文寶教授在民國七十八年出版的《朗誦研究》一書中，就「朗誦材料」和「朗誦者」兩方面分別提出「分析誦材的內容、研究作品的情節、體會文章的風格」和「正音讀：發音正確，明句讀：把標點符號正確地讀出來，包括音節清晰、聲調自然」的方法。筆者的淺見，則落實在具體的步驟上：

第一，審思全文的內容與體裁，判斷該用什麼樣的聲情顯現文章的情調。論辯類或說理性強的文章例如〈勸學〉、〈報燕惠王書〉、〈六國論〉等，聲情宜堅硬些，以顯鏗鏘有力；〈蘭亭集序〉、〈桃花源記〉、〈醉翁亭記〉等類的文章，聲情宜柔和些，以顯山水之美與感慨之情；〈種樹郭橐駝傳〉、〈賣柑者言〉等類的文章，聲情宜親切些，有如在說故事一般。依此類推。當然，這是文章基調的掌握，但全篇的情調會隨著內容情意的流動而轉變、不同，聲情也就要跟著調整，並非一成不變。舉蘇軾《赤壁賦》部分段落為例，進一步說明：

全文的基本情調應該以柔和感性的聲音，來表現泛舟赤壁的愉悅與感觸。但是到了「縱一葦之所如，凌萬頃之茫然」開始的接下來數句，聲情宜轉為清亮鏗鏘，以呼應場面浩大的情景。然到了「於是飲酒樂甚」句到「客有吹洞簫者」前，又回復愉悅的聲情，只是「桂棹兮蘭槳」四

句的歌,其節奏宜更舒緩些。而從「其聲嗚嗚然」開始,到「泣孤舟之嫠婦」止,聲情則轉為悲懷之聲。至於「客曰」一段,有許多感觸,聲情是感性的,可是「方其破荊州」到「固一世之雄也」這一節,則要聲情鏗鏘、節奏從加快到放慢(且要注意其間抑揚頓挫的處理:「舳艫千里,旌旗蔽空」宜漸揚,「釃酒臨江,橫槊賦詩」宜略抑),方能顯出曹操意興風發自得一時的氣概。但緊接著「而今安在哉」句,不但速度放慢,聲情也變得惆悵。依此類推。

　　其次,要掌握「節奏」的概念。劉大櫆在〈論文偶記〉中明白地指出:「文章最要節奏,譬之管弦繁奏中,必有希聲窈眇處。」而快、慢、漸快、漸慢、停、頓的綜合協調,叫做「節奏」。依據筆者的觀察,許多具朗讀經驗的人,朗讀時,聲音的抑揚頓挫或大小輕重,處理的情形還不錯,但節奏則不很理想,其實節奏的快慢變換關係情調韻味甚巨。常人說話,高興或緊張時的語速不自禁地加快,心情舒適時的語速無意間放慢等等,都是再自然不過的了,朗讀文章既是詮釋作品的情感,遇到戰爭場面的緊張情形把節奏加快,遇到美景當前的喜樂情形把節奏調慢,遇到喝酒場面的酣暢情形讓節奏緊湊一些,遇到失意場面的感慨情形把節奏放慢一點,隨著文情變化而做適度

的節奏調整，不但理應如此，且聲情的豐富面貌也增添了文章的美感。

第三，要講究字、句間的緊連性。

古文和現代散文的朗讀方式不盡相同，古文的節奏速度整體而言較慢，對於虛字如「夫、者、也、矣」等，也特別講究，因為古人對虛字的使用，有其道理。而一個大段落中的數個句子所構成的句組，也需區分，也就是要講究同一句組其間的緊連性，句子和句子之間接得緊或鬆，必然會影響文勢情韻的表現；同樣的，一個句子中，字和字之間接得或鬆或緊，聲音或輕或重、或長或短，所顯現的情韻也有別，朗讀時須加以甄辨，選擇最適切的方式來表現。舉例來說，陶淵明〈五柳先生傳〉中第一段「先生不知何許人也，亦不詳其姓字，宅邊有五柳樹，因以為號焉」四句，「先生不知何許人也」和「亦不詳其姓字」之間，比起「亦不詳其姓字」和「宅邊有五柳樹」之間的距離要緊密些，而「宅邊有五柳樹」和「因以為號焉」之間，也比「亦不詳其姓字」和「宅邊有五柳樹」之間的距離要緊密，原因在於：一、二句在意義上有相關性，三、四句在意義上也有相關性，但二、三句的相關性就淡薄些。所以讀的時候，要把這種關係性讀出來，文意的情韻才能彰顯。而「五柳樹」三字因是題目的關鍵來由，便以

加重音的方式來處理,以表現出扣題的意味。

　　第四,留心語句抑揚頓挫和輕音重音的處理。句子和句子間,固然有抑揚頓挫的問題,更重要的是一句之中的抑揚頓挫。好比「舳艫千里」一句,「千里」的音就要比「舳艫」更揚,而「旌旗蔽空」一句,「空」字要比前三個字都更為上揚;又如「月出於東山之上」句,「東山」一詞固然要上揚,但「上」還要更揚才好。

　　再以〈五柳先生傳〉中「好讀書,不求甚解」來說,「好」加重音,「讀書」音較輕但上揚,「不求甚解」音往下抑但「甚解」加重音;到「每有會意」又略為上揚,「便欣然忘食」句的「欣然」則音更高揚。

　　第五,除了字音的正確,還要注意全篇讀音、語音的統一性。朗讀古文,經常會碰到的問題是:「白」該念ㄅㄞˊ還是念ㄅㄛˊ?「六」該念ㄌㄧㄡˋ還是ㄌㄨˋ?「綠」該念ㄌㄩˋ還是念ㄌㄨˋ?等等。有人主張一定要讀讀音,有人則不以為然。其實從民國八十八年的語文競賽開始,讀音、語音已經同時被認可了,換句話說念讀音也對,念語音也可。但須注意的是:如果念讀音,應該全文都念讀音,也就是全文宜有統一性,而不要自相矛盾。至於某字的讀音如何,由臺灣師大國文系多位教授共同撰寫的《國音及語言運用》一書裡,有一份參照表可供參考。

　　此外，如果是朗讀比賽的臨場，報完題目和作者後，約等個三秒再進入正文；而在一段讀完之後，約等兩秒再進入下一段。這是為了能夠將題目、段落清楚地區分出來。而且可在停頓的兩、三秒中，抬起頭來以眼神和聽眾交流，而在朗讀進行的當中，眼睛專心致力於文句之上，這樣就不至於將文句讀得跳行或落句，也不會不知道該在何時去看聽眾了。

二、現代散文的美讀

　　本師邱燮友教授在《美讀與朗誦》一書中曾說：

　　　　文章的朗讀原無定法，隨文章的氣勢脈絡，將文章的情意透過書聲，將它自然地表達出來。因此前人提出「抑揚頓挫、緩急快慢」的讀法，比起平淡的「諷誦」（即背誦），是更能體會文章之美和節奏之美。

現代散文情韻的拿捏，更接近生活的真實，因此聲情優美而自然是首要重視的。聲音的抑揚頓挫須配合文章的情意，讀著能讓聽者接受且引發共鳴，就是成功的表現。具體說來，語體文的朗讀要點，除了含括古文朗讀步驟的前

四項之外，另外還要注意幾點：

（一）語體散文常常出現眾多「帶有情緒色彩」的詞彙，例如「最」、「綿長」、「輕輕」、「溫暖」等等，這些「帶有情緒色彩」的詞彙若好好地掌握、加工，聽起來的感覺就不一樣。例如CD所錄廖玉蕙〈雷雨交加的午後〉第二段，「荷花最美」和「飽滿的露珠」的「最」和「飽滿」二詞，還有「星期天的早晨」那一段的「輕手輕腳」等，都是極有情緒的詞彙，朗讀時宜充分表現詞彙的情緒。又例如〈匆匆〉一文中的「漸漸空虛了」和「輕輕悄悄地挪移了」的「漸漸」和「輕輕悄悄」也是。這些「帶有情緒色彩」的詞彙，若能讀得飽含情緒，聲情必然會更接近生活實況。因為我們的生活裡，確乎是充滿許多情緒濃厚的口語表達的，例如「你這件衣服真好看」的「真」字、「外婆燒得菜最好吃了」的「最」字、「請輕輕地走路，不要吵醒寶寶」的「輕輕」等等。

（二）注意ㄦ化音和輕聲字的發音。國語有許多ㄦ化音和輕聲字，例如「新來的日子的影兒」的「影兒」一詞，「兒」是詞尾，不能讀實了，要以ㄦ化輕輕帶過，我們平常說的「小孩兒」、「花兒」、「鳥兒」的「兒」字也是；再說「饅頭」、「枕頭」、「衣裳」、「嘀咕」等詞的第二個字，應該讀成輕聲，否則味道將遜色許多。當

然，語體文都是讀語音的，只是上聲字和ㄦ化韻的連音變化（如：「總統」的「總」讀成接近陽平的聲調，「小雞兒」需讀成「小ㄐㄧㄜㄦ」等）以及「一、不」的變調原則要掌握好（如：「一心一意」讀「一心一意」，「不三不四」讀「ㄅㄨ三ㄅㄨ四」等）。

（三）語體散文的用字雖然不像文言文那麼精鍊，但對於環境氛圍的塑造或渲染卻往往極凸出，在朗讀的時候，一定要做好「因聲顯境」的美感要求，才能彰顯語體文的韻味與特色。而且語體文常常出現簡單的人物對話，朗讀時不妨以角色扮演的方式，改變一下音色，把人物的聲音區隔出來，以加強趣味和效果。

（四）語體文朗讀除了讀音須正確，不可以讀錯字之外，還有幾個「不可」：正文的內容不可添字，不可漏字，不可改字。這一點，古文朗讀的要求亦同。

（五）若參加比賽，宜注意朗讀時應有的臉部表情。表情來自於篇章內容的文字意義和情韻，特別是運用眼神以傳達文章情意的或悲或喜，或怒或嗔，更易動人。這點也是古文朗讀同時應要求的。

伍、詩詞曲的吟誦方法與實務運作

一、吟誦的步驟

　　吟詩的步驟，共有六點：細讀、淺誦、字調轉樂調、加上泛聲、調整音階、確定節奏。以下進一步說明：

　　1、細讀：仔細閱讀詩歌作品，確實理解其意涵，推敲每個字與字之間、句子與句子之間的距離，還有每個字的聲音之長短、高低、輕重、強弱。

　　2、淺誦：試一試將每個字音拉長看看，聲音不要太高地朗誦一下。這個步驟主要在幫助吟誦者能夠順利過渡到下一個步驟，初學吟誦者不宜輕易忽略「淺誦」的功夫，但熟悉吟誦方式的人，則可以跳過。

　　3、字調轉樂調：將詩歌作品中的每一個字，用唱的方式「讀」出來，而不是像說話一樣唸出來。例如「李登輝」三個字用「2-5-5-」的音唱出來就是。而CD中〈武陵春〉「日晚倦梳頭」句和【清江引】「江空月明人起早」句的處理方式，就是依照字調轉成音樂調子唱出來的。

　　4、加泛聲：在詩句中語意可以停頓的地方，尤其是韻腳的所在，或者是個人別有體會的重要字詞處，加上修

飾性的聲腔;這修飾性的聲腔可長可短、可高可低、可加可不加。(但如果整首詩都沒加任何修飾性的聲腔,全詩將單調呆板、韻味不佳。)就像馬致遠【天淨沙】曲,第二句「小橋流水人家」的「水」字的尾腔,加上泛聲,就能塑造水波流動的效果。

5、調整音階:句子與句子或字詞與字詞之間,可以讓聲音升上去或降下來,就像李清照〈武陵春〉這首詞的第一句「風住塵香花已盡」,「花」字的行腔往上揚的情形就是。調整音階的依據,來自於詩歌詞句中的空間訊息與情緒訊息,例如「牀前明月光,疑是地上霜」,第二句應該比第一句低;又如「山映斜陽天接水」,「水」字的音階應該比「山」或「斜陽」低,這是依據空間訊息而調整;「甚矣吾衰矣」的「甚」字音階較高,以及「風住塵香花已盡」的「花」字就是依據情緒訊息而來。依此類推。

6、確定節奏:節奏往往是影響聲情表現適宜與否的重要關鍵。一首詩歌作品,它的情韻究竟屬於激昂慷慨,還是婉轉低迴,詩句間的快慢變化應該如何,都要靠細膩的節奏調整處理出來。就像CD中的〈武陵春〉之「只恐雙溪舴艋舟」句,速度需逐漸放慢,一方面是慢慢接近尾聲,一方面也正是因為詞句意義上的關係所致。

二、吟誦的要領

1、「橄欖腔」的概念和正確的發聲方式

橄欖的形狀是兩頭尖而中間飽滿，所謂「橄欖腔」，就是吟詩時行腔宜形成「出聲稍細，然後音聲飽滿，收音又漸漸復細」的類似橄欖形狀。尤其在拖腔時，運用橄欖腔是使吟詩韻味濃厚的重要法門。

還有，古典詩歌的吟誦，不宜運用西洋美聲的發聲方式、嘴形張大，一則聲音的味道不對，二則觀瞻不佳。西洋美聲的發聲方式通常使用小嗓（也叫假音），用橫隔膜呼吸法，口腔的內部形成空心球狀似的「圓喉嚨」狀態；傳統的吟誦方式通常使用大嗓（也叫真嗓），用腹式丹田呼吸法，口腔的內部形成較為壓平的「扁喉嚨」狀態，嘴形有如微笑一般。

2、不能倒字

所謂「倒字」就是字的音調錯了，以至於容易弄錯原詞的意思。例如「劍外」變「尖歪」、「何處住」變「何楚珠」等都是。因此，「日晚倦梳頭」不可以吟成「日彎捲數偷偶」，「江空月明」不可以吟成「將恐約命」。在古典戲曲的演唱中，倒字是十分忌諱的，而在古典詩歌的吟誦裡，為了讓所有聽者都能聽明白所吟誦的內容，所以

不能倒字。

3、可以融入「誦讀」或「清唱」

吟詩為求聲情變化，增添可聽性，融入「誦讀」或「清唱」是可以被接受的。試想一首〈長恨歌〉或〈琵琶行〉的篇幅極長，單純的吟詠效果必然不如加上「誦讀」或「清唱」者，原因在於單一性的呆板，對吟詩者和聽眾都是沈重的負擔。即使不是長篇，像一首七言絕句或五言律詩，加入「誦讀」或「清唱」，對聽覺美感的增加，也是有幫助的。

4、關於伴奏的問題

至於伴奏或加襯樂的問題，吟誦本質上是以人聲詮釋詩情的意韻表現為主，器樂或其他音樂的添加，只能是烘托的性質，因此加或不加完全看吟誦者的體會與需要。加的時候，只要不喧賓奪主，竄奪了聽眾對吟誦的注意力即無妨。這也是聽眾必須深思的問題，究竟是在聽詩歌的吟唱？還是在聽詩歌的伴奏音樂？有伴奏的吟唱必須跟著譜走，大家的吟唱一不小心就會陷入同一個調調的危機中，不可不慎。

三、課堂或社團的實務運作

吟誦方法教給學生之後，教師可以在課堂上採取分組

輪流吟唱、疊唱、合唱的運作方式，來強化學生的記憶與熟練，添加一些上課的趣味。例如筆者的實際經驗：

1、選擇一個古典詩歌的主題，譬如說「酒」。

2、在眾多作品中選出王維〈渭城曲〉、李白〈將進酒〉、白居易〈問劉十九〉等和「酒」有關的詩。

3、編排次序：由離別的酒，到鄰里家常的邀約，再到喝得酣快的場面（〈渭城曲〉→〈問劉十九〉→〈將進酒〉）。詩情氣勢越來越宏大。

4、設計吟唱的技巧：首先，男女聲分別獨唱一、二句，一起疊唱第三句，合唱第四句。再全員分四組各輪唱一句，另有一主誦聲音朗誦全詩。續分兩組輪唱一、二句，三組疊唱第三句，合唱第四句。（〈渭城曲〉部分）其次，以接近數板的快唱方式唱三次〈問劉十九〉，越唱速度越快，快但要清楚。最後，先讓學生兩兩一組划酒拳，再安排六位學生以輪流接句的方式，以台語朗誦〈將進酒〉前二個長句，然後全體以台語唱〈將進酒〉。唱完〈將進酒〉再唱〈乎乾啦〉歌曲之「有緣，無緣，大家來做伙，燒酒喝一杯，乎乾啦，乎乾啦」，結尾全體高呼「乎乾啦」！

5、加上器樂音效：吟唱〈渭城曲〉時，只在句之前、句與句間、句末以笛聲「過門」；吟唱〈問劉十九〉時，加上響板以控制節奏；吟唱〈將進酒〉時則加鼓聲以顯氣魄；

唱〈乎乾啦〉時，只加前奏。有關加器樂或其他音樂效果時，千萬要留意音量莫大過吟誦聲，否則喧賓奪主反為不美。

陸、常見的古詩唱調
以及套用唱調的問題

一、歌仔調　春曉 /孟浩然

二、福建流水調　鳥鳴澗 /王維

三、天籟調　逢入京使 /岑參

四、宜蘭酒令調　長干行 /崔顥

五、常州調　楓橋夜泊 /張繼

六、客家調　初春小雨 /韓愈

七、文開詩社吟調　渭城曲 /王維

一、歌仔調

春曉

孟浩然詩
歌仔調

| 3 5 | 3̲5̲ 3̲2̲ | 1̲6̲ 5̲3̲ 2 — | 6̲3̲ 2̲3̲ 6̲1̲ |

春　眠　　不　覺　曉　處處聞

| 2̲1̲ 6̲1̲ 5 | 6̲1̲ 3̲5̲ 6̲3̲ | 2̲1̲ 6̲5̲ 1 |

啼　　鳥　夜　來　風　雨　　聲

| 6̲3̲ 2̲3̲ 6̲1̲ | 2̲1̲ 6̲1̲ 5̲3̲ | 6̲ 1̲ 3̲ 5̲ ‖

花落　　知　多　少　知　多　少

二、福建流水調

鳥鳴澗

王維詩
福建流水調

| 3̲ 5 · | 5̲ 3 · | 3̲ 2 · | 3̲ 1 · |

人　閒　　桂　花　　落，　　　夜　靜

| 2̲ 3 · | 3̲ 2 · | 1̲ 6̣ · | 1̲ 3 · |

春　山　　空。　　　月　出　　驚　山

| 2̲ 6̣ · | 1　　2　1　　6̣ | 5̣　— ‖

鳥，　　時　鳴　春　澗　中。

三、天籟調

逢入京使

岑參詩
天籟調

6ı̂6 35̂3 66 0	3·2 35̂ 65̂30	2·5̌3 3̌2 356
故　園　東望	路　漫　漫，	雙　袖　龍鍾

2ı̂ 6̣ 6̌1·6̣	3·2 3 535̂3	1·6̣ 1 6̣
淚　不　乾。	馬上相逢	無　紙　筆，

6 35̂3 6·1	2ı̂ 6̣ 6̌1 6̌6̣ ‖
憑君　傳語報	平　安。

四、宜蘭酒令調

長干行

崔顥詩
宜蘭酒令調

| 1 1 1 5̣ | 5   — | 6 5 5 3 | 2   — |

(女)君 家 何 處 住，　　　妾 住 在 橫 塘；
(男)家 臨 九 江 水，　　　來 去 九 江 側；

| 5̣2 3 5 0 | 2 3 2 1 | 6̣ 1 2̣1̣6̣ | 5   — |

停　船　暫 借 問，　或 恐 是 同　鄉。
同　是　長 干 人，　生 小 不 相　識。

五、常州調

楓橋夜泊（一）

張繼詩
常州調

```
| i  i6  5   16 | 5  —  i6  i |
  月  落  烏  啼       霜  滿

| 5  —  5  53 | 2  2  35 5 |
  天     江  楓   漁  火

| 53  32  2· 6· | 1  12  3  35 |
  對  愁  眠       姑 蘇  城  外

| 6  53  2  32 | 53  3  i  13 |
  寒  山  寺      夜  半

| 5  53  2  — | 3  3  26· 6· |
  鐘  聲          到  客  船
```

（二）

```
| 6  66  i  i6 | 3  5  6  0 |
  月  落  烏  啼    霜  滿  天

| i  i  65  35  61 | 65  53  2  0 |
  江  楓  漁  火     對  愁  眠

| 2  23  5  53 | 35  32  1  0 |
  姑  蘇  城  外   寒  山  寺

| 6· 6·1  2  3 | 21  65· 1  — |
  夜  半  鐘  聲   到  客  船
```

六、客家調

初春小雨

韓愈詩
客家調

```
| 3 3 5   3 5 3 5 3 2   1 6̣ ‖  4/4  3̌  3̆ 2   3̌ 3̆ 3   2  — ‖
  天街                  小雨    潤  如 酥，

| 5̆ 3 3 3   1̌ 2̆ 1 6̣ ‖  4/4  3̆ 2 1 6̣  6̣·̆ 1 1  1 — ‖  3  2̌ 1 2  1̌ 2̆ 1 6̣ |
  草色遙 看     近卻    無。   最 是 一 年

| 6̆ 1 1 6̣  6̌ 6̆ 0 |  3  1  6   1 2 3 | 3̆ 1 2̆ 1 6̣ 1 1̇ ‖
  春 好 處，  絕 勝 煙  柳 滿 皇    都。
```

七、文開詩社吟調

渭城曲

王維詩
文開詩社吟調

渭城　　　朝雨浥輕　　　塵

客舍青青　　　　　　柳邑新

勸君　　更盡一杯　　　　酒

西出　陽關　　　　無故人

西出陽關　　　　無故人

八、套用唱調的問題

　　學習古典詩歌的既成唱調，有其正面意義，頗方便我們對於相同詩歌句式的套用，好比運用福建流水調套〈鳥鳴澗〉不錯，套〈過故人莊〉也可以，只要旋律再重複一次即可。對學生的記憶與學習來說，也很方便，筆者的學生就曾經運用學生所熟悉的〈蘭花草〉旋律教唱李白的〈長干行〉，學生背得很快。然而，套用唱調除了有「大家的吟唱一不小心就會陷入同一個調調的危機中」的問題外，最嚴重的，還是音調改變而影響詞意的問題，例如「君家何處住」套宜蘭酒令調，唱起來就成了「君家何楚豬」，「煙波江上」套江西調若不改一下腔，唱起來就變成「衍波江上」等等。

　　筆者認為：套用既定的唱調時，適度地修改一下原腔是好的，目的在使聽眾明白所唱的字詞。在古代，詩歌的流播一定程度地依賴口耳相傳之道，傳唱時若不能清楚呈現某字某音，確實有會錯意的可能。再者，唱調本身有其旋律的情韻，套用固然方便卻可能造成情韻不對的情形。例如李白〈靜夜思〉，如果套用宜蘭酒令調來唱，味道顯然不合適，除非把節奏放慢還稍可。諸如此類的問題，讀者在套用既定唱調時宜多所考慮。

柒、現代詩朗誦的形式、技巧
　　與教學活動進行的流程

一、現代詩朗誦的形式與技巧

　　前面說過，現代詩的朗誦形式分「個人朗誦」和「團體朗誦」兩種。「個人朗誦」宜盡量遵照原詩的形式進行，技巧著重在運用恰當的聲情詮釋對詩篇情感的體會，讓個人以聲入情、因聲顯境、凸顯風格。「團體朗誦」的形式則活潑多變。以下，分「個人朗誦的技巧」、「團體朗誦的形式」、「團朗的基本技巧和綜合運用之實例」三點來加以說明：

1. 個人朗誦的技巧

　　正式參加比賽時，一上台不要急著開口，要面帶微笑地等大家都靜下來準備聆聽了才出聲。報題要字字相連，例如〈夜讀曹操〉，應讀成「夜——讀——曹——操——」，而不要讀成「夜、讀、曹、操」。接下來，題目與正文之間宜有大停頓，而詞句的音準、抑揚頓挫都要講究（亦即找出每句的關鍵字詞、每段的關鍵句，推敲抑揚頓挫的安排，以及字詞間的緊連性），句中的關鍵語詞和

詩小節中的關鍵句子，才以「誦」的方式將音抬高、拉
長，大部分還是以「讀」的技巧爲主。詩小節之間的分段
處宜顯現出來，此時可以用眼神或肢體動作，在聲音暫停
之際使舞台不至於冷場。朗誦須背稿，空出雙手以表現肢
體語言，肢體語言的表現重點在於輔助刻畫文情與聲情，
不誇張，不彆扭，自然地做出來。如有需要，可以在舞台
上稍稍走動，但宜以中心位置爲準，不要太過偏離。

　　此外，個人朗誦宜以原詩樣貌呈現，重要詞、句可以
反複，但不宜增添過多詩句以外的詞語或文句。至於詩歌
的題材，最好選擇適宜學生的年齡及經驗足以勝任者，譬
如讓高中生或國中生獨誦〈愛的辯證〉或〈西楚霸王〉，究竟
學生能夠理解多少文情是頗令人懷疑的。朗誦詩歌是美好
愉悅的事，我們不希望孩子們努力地老氣橫秋，「爲解新
詩強說懂」。還有，所選作品的「年齡」不應太老，選來
選去都是詩人二十多年前的作品，彷彿我們的詩人很不長
進似的。不能和時代脈動扣合的詩歌作品，聲情表現得再
好也是不容易引起聽衆共鳴的。

　　要而言之，參加個人朗誦比賽的要領在於：(1)鍛鍊好
基本工夫──朗讀。(2)選擇新的、適合的詩材。(3)妥善處
理全篇詩歌聲情的表現方式。(4)融入合宜的肢體語言。(5)
穩定臨場的表現。(6)注意時間規定。

至於是否添加伴奏或襯樂，則並非必定要考慮之事。

2. 團體朗誦的形式

近年來，團體朗誦的形式極為活潑，可概略分為「聲情派」、「動作派」和「劇場派」：

「聲情派」，以聲音的表現為重心，綜合朗誦的技巧運用，變化豐富，肢體動作純為輔助的性質，隊形變換或道具使用皆不花俏，以聲音的實力取勝。

「動作派」，聲情表現普通，肢體語言豐富，隊形變換十分活潑，令人目不暇給，予人視覺、動覺印象強烈的感受。發展到極至，就成了「舞蹈派」。

「劇場派」，穿插相當成份的角色扮演、情節演出，也有音效，表演特色注重道具使用，甚至化妝，相形之下，劇場的戲味頗為濃厚。

依據筆者的研究，詩歌朗誦比賽宜以「聲情派」的表現方式為要，因為畢竟是「詩歌朗誦比賽」而不是「詩歌表演比賽」，其間的分際是很清楚的。一些詩人籌辦的「詩的聲光」活動，可以有各式各樣的表現方式，甚至以「動作派」和「劇場派」為主，但「詩歌朗誦比賽」不同，就教學立場而言：教師要額外負擔指導肢體語言與設計隊形變換已屬不易，若還要教導演戲，負擔何其沈重。對學生來說，也是同樣的情形。然而，近年來由於詩人擔

任詩歌朗誦的評審工作越來越多，評比的結果，「劇場派」或「動作派」較受青睞，「聲情派」成績反而吃虧。這讓為數眾多的教師深感困擾，在指導學生時，誠惶誠恐，甚至於無所適從。恕筆者直言，此一現象其實是一種歪風，因為學生的學習重點已經不是作品本身，試想：將來學生對詩的記憶會是什麼？嘉年華會？一齣戲？還是真正的一首詩？

筆者無意批評詩人的朗誦實力，但是的確有許多詩人的朗誦其實是表演而不是朗誦，更遑論有些詩人不見得懂得朗誦。還有的詩人看到某一類題材，就不管三七二十一打入冷宮，教師為什麼要面對這樣的偏執？筆者相信詩人朋友都希望大家一起來賞詩、愛詩、寫詩、研究詩，果真如此，實在需要多站在教學的立場，為教師、為學生多方設想。

3. 團朗的基本技巧和綜合運用之實例

「團體朗誦」的基本技巧分為：獨誦、合誦、輪誦、疊誦、滾誦。「團體朗誦」就是將這些基本技巧加以錯綜變化，揉合運用。

獨誦：一個人朗誦，是最基本的技巧，也是最重要的技巧，對於詩句的玩味、讀法的推敲、節奏的掌握、聲情的表現等，要細細斟酌。

　　合誦：一羣人一起朗誦。這一羣人可以是五人、
十人、二十人或全員。合誦最重要的要求是整齊，不能有
人「放砲」。合誦人數衆多時，易顯現磅礴的氣勢。

　　輪誦：一句一句分組（人）輪流朗誦。有兩種情
形，分兩種效果。所謂「有兩種情形」，一是不同句子的
輪誦，另一是相同句子的重複，後者往往是爲了凸出該句
子的重要性。所謂「分兩種效果」，視接句的快或緩而產
生不同的趣味；輪誦接得快將塑造緊張、迅捷的效果，接
得慢則有舒緩、悠然的味道。因此使用輪誦技巧要看所想
塑造的效果或情味是什麼。

　　疊誦：不同組別輪流朗誦時，聲音有交疊的情形
者，謂之疊誦。例如CD中〈麥當勞午餐時間〉「走回三十
年前鎮上的小館」一句的處理，就是「疊誦」。使用疊
誦，會塑造吵吵嚷嚷的感覺，聲音若聽不太清楚，在疊誦
前或疊誦後，「獨誦」或「合誦」一次，有助於聽衆的了
解。

　　滾誦：又叫「襯誦」，一組聲音較小做襯底，另
有一較大的聲音是主要的誦聲。做襯底的聲音可以是讀或
誦或吟或唱，相對的主要誦聲也可以是讀或誦或吟或唱。
滾誦的聲情效果極爲獨特而豐富。

　　從CD中〈夜讀曹操〉和〈麥當勞午餐時間〉的團朗實

例，應當可以明白「團朗五種基本技巧的綜合運用」是什麼樣的情形。不過，實際團體朗誦比賽的詩稿處理與技巧綜合變化，遠比CD中呈現的更為繁複。

二、團體朗誦教學活動進行的流程

1. 選詩

選擇團朗的詩材，應注意幾點：

(1)內容文字不宜艱深、拗口，文句不宜倒裝、彆扭太過。以免沒有詩稿的聽眾不明所以。

(2)適合學生的年齡、表現能力、氣質與個性。

(3)詩篇的長短在不加技巧時，以平常速度讀過一遍的時間約在四分三十秒至五分鐘左右較好。因為加上各種技巧及凸出重要段落或加上音樂和隊形設計之後，時間必然拉長。

(4)不宜割裂許多詩稿合而為一。原因在於：內容統一性很難協調的問題。況且，作者究竟是誰呢？相信沒有一位詩創作者願意自己的作品被割裂的。

2. 推敲最適當的獨誦方式

(1)詩稿選定後，嚴密地推敲每一個詩句各種可能的讀法與方式。

(2)擇定最能展現詩句意義和美感的朗誦方式。

3. 處理詩稿,設計表現技巧

(1)挑出關鍵詞、句,做為表現重點,思考何種技巧可彰顯其重要性。

(2)設計表現方式,如獨誦、合誦、輪誦、疊誦、滾誦等技巧的綜合變化。

(3)如有必要,可以適度地加入吟詠、歌唱或饒舌節奏,以及對白、廣播情境的詞語等。

(4)留意全篇聲情流動的整體節奏感,高潮、過渡、對聽眾的情緒引導等,都要考量。

4. 安排朗誦人員

(1)團朗比賽的人數一般規定在十五到五十人之間,筆者認為二十到三十六人的員額較理想。

(2)學生的音色不同,各有其特性。什麼樣的音色適合什麼情味的詩句,某詩句需要多少勁道、音量等,都需要安排適合聲情的朗誦人員。

5. 進行演練,適度修改

演練之必要,修改聲情技巧之必要。但忌諱因表現不甚理想而抽換學生,因朗誦活動應是快樂的事,不宜打擊學生的信心。可以加入其他學生以帶動其表現能力,使合要求。

6. 加入音效和肢體動作

器樂的效果比錄音帶音樂好，可以適時加入、適時而止，幫襯做用較佳。加入音樂是為了帶動或塑造美好氣氛，因此，如使用錄音帶要注意音量不可干擾朗誦。肢體動作要能幫聲情加分才好。

7. 布置隊形與準備道具

若是比賽，隊形變換宜注意舞台的中心點和前端左、右兩點所構成的三角地帶是最能攏音之處，發聲者的位置最好在這三角地帶內。道具則可有可無，但金粉、碎屑不用為宜，以維持環境清潔。

8. 整體活動表現的講評

任何活動，無論是教室內的團體朗誦或舞台的比賽，都應有講評，好鼓舞學生，並使其明白優、缺點，以學習更好的能力。

教師一般在進行新詩朗誦的教學活動時，最常出現的疑問不外是：

(1)朗誦詩稿可否將多人的詩作綜合為一？

(2)為什麼要有配樂、道具以輔助朗誦？

(3)可否在朗誦過程中安插一段歌曲？

(4)朗誦是否可以加入「歌」誦或「吟」誦方式？

這些疑問，上述說明已提出筆者的答案。

捌、CD詩詞曲吟誦譜舉隅

登鸛鵲樓	水仙子‧詠江南
塞下曲	梧葉兒
過故人莊	宿桐廬江寄廣陵舊遊
觀獵	登金陵鳳凰臺
暮春	清平樂
庭中有奇樹	採桑子
歸園田居	夜遊宮‧記夢寄師伯渾
登幽州臺歌	大德歌‧秋
慈烏夜啼	沈醉東風‧漁父詞
南鄉子	水仙子‧春晚
相見歡	秋風辭
西江月‧夜行黃沙道中	將進酒
四塊玉‧閒適	客至
天淨沙‧秋思	圈兒詞

登鸛鵲樓

潘麗珠吟唱
馬銘輝採譜

白日依山盡

黃河入海流

欲窮千里目

更上一層樓

塞下曲

潘麗珠吟唱
馬銘輝採譜

月黑　雁飛　高

單于　夜遁　逃

欲將　輕騎　逐

大雪　滿弓　刀

欲將　輕騎　逐

大雪　滿弓　刀

過故人莊

潘麗珠吟唱
馬銘輝採譜

故人　具雞黍　邀我至田家

綠樹　村邊合　青山　郭外斜

開軒面場圃　把酒話桑麻

待到重陽日（誦）　還來　就菊花

觀獵

潘麗珠吟唱
馬銘輝採譜

風 勁 角 弓 鳴　將 軍 獵 渭 城

草 枯 鷹 眼 疾　雪 盡 馬 蹄 輕

忽 過 新 豐 市　還 歸 細 柳 營

迴 看 射 鵰 處　千 里 暮 雲 平

暮春

潘麗珠吟唱
馬銘輝採譜

數間　茅屋　鏡湖　濱
萬卷藏書　不救貧
燕去燕來　還過日
花開　花落　即經春
開編喜見　平生　友
照水驚非　曩歲人
自笑滅胡　心尚在
憑高　慷慨　欲忘身

庭中有奇樹

潘麗珠吟唱
馬銘輝採譜

庭中　　有奇　　樹

綠葉　　發華　　滋

攀條　　折其　　榮

將　以　遺　所　思

馨香　　盈　懷　袖

路遠　　莫致　　之

此物　　何足　　貴

但感　　別　經　　時

歸園田居

潘麗珠吟唱
馬銘輝採譜

種豆 南山下 草 盛 豆苗稀

晨興 理荒穢 戴月 荷鋤歸

道 狹 草木長 夕露 沾我衣

衣 沾 不足惜 但 使 願無違

但 使 願無 違

登幽州臺歌

潘麗珠吟唱
馬銘輝採譜

前　　　不見古人

後不見來者　念天地之悠

悠　　　　　　獨愴然

而　涎　　　　下

慈烏夜啼

潘麗珠吟唱
馬銘輝採譜

南鄉子

潘麗珠吟唱
馬銘輝採譜

乘彩舫　過蓮塘

棹歌　驚起　睡鴛鴦

遊女　戴花　偎伴笑

爭窈窕　競折　團荷

遮晚照

潘麗珠吟唱
馬銘輝採譜

相見歡

金陵　城上　西樓
倚　清　秋　萬里夕陽　垂地
大　江　流　中原亂　簪纓散
幾　時　收　試倩悲風吹淚
過　揚　州

西江月·夜行黃沙道中

潘麗珠吟唱
馬銘輝採譜

明月 別枝 驚鵲

清風 半夜 鳴蟬

稻花 香裡 說豐年

聽取 蛙聲 一片

七 八個星天外 兩 三點雨山前

舊時 茅店 社林邊

路轉 溪橋 忽見

路轉 溪橋 忽見

四塊玉·閒適

潘麗珠吟唱
馬銘輝採譜

舊酒沒 新醅潑 老瓦盆邊笑呵呵

共山僧野叟 閒吟和 他出一對雞(誦) 我出一個鵝(誦)

閒快活(誦) 閒快活

天淨沙・秋思

潘麗珠吟唱
馬銘輝採譜

枯藤　老樹　昏鴉

小橋　流水　平沙

古道　西風　瘦馬

夕陽　西下　斷腸　人在

天　涯

水仙子・詠江南

潘麗珠吟唱
馬銘輝採譜

一江煙水照晴嵐　兩岸人家接畫簷

芰荷叢一段秋光淡

看沙鷗舞再三

捲香風十里珠簾

畫船兒天邊至(誦)酒旗兒風外颭(誦)

愛煞江南

潘麗珠吟唱
馬銘輝採譜

梧葉兒

薔薇徑 芍藥闌 鶯燕 语 閒

關 小雨紅芳綻

新晴 紫陌乾(誦)日長 繡窗

閒 人立 秋千

畫板

宿桐廬江寄廣陵舊遊

潘麗珠吟唱
馬銘輝採譜

山暝　聽　猿　愁

滄江　　急　夜流

風鳴　雨　岸葉

月照　一　孤　舟

建德　非吾土　維揚　憶舊

遊　　　還將　兩　行

淚　　遙寄　海　西

頭

登金陵鳳凰臺

潘麗珠吟唱
馬銘輝採譜

鳳 凰 台 上 鳳 凰 遊

鳳 去 台 空 江 自 流

吳 宮 花 草 埋 幽 徑

晉 代 衣 冠 成 古 邱

三 山 半 落 青 天 外

二 水 中 分 白 鷺 州

總 為 浮 雲 能 蔽 日

長 安 不 見 使 人 愁

清平樂

潘麗珠吟唱
馬銘輝採譜

採桑子

潘麗珠吟唱
馬銘輝採譜

春深雨過西湖好

百卉爭妍蝶亂蜂喧

晴日催花暖欲燃

蘭橈畫舸悠悠去

疑是神仙返照波間

水闊風高颺管絃

夜遊宮·記夢寄師伯渾

潘麗珠吟唱
馬銘輝採譜

大德歌・秋

潘麗珠吟唱
馬銘輝採譜

沈醉東風・漁父詞

潘麗珠吟唱
馬銘輝採譜

黃蘆岸 白蘋渡口　　綠楊堤

紅蓼灘頭　　雖無 刎頸交

卻有 忘機友　　點秋 江　白鷺

沙鷗　　傲殺人間

萬戶侯　　不識字煙波釣叟
（誦）

水仙子・春晚

潘麗珠吟唱
馬銘輝採譜

西山 暮雨 暗 蒼 煙
南浦 春風 艤 畫 船
水流 雲散 人 空 戀
傷 心 思 去 年
可憐 景物 依然 海 棠 鸜 鵒
叢花杜鵑 楊 柳
秋 千 楊 柳
秋 千

秋風辭

文開詩社吟調

```
7̲6̲  5̇  6̇  ·  6̣̇  1  —   3̲2̲   1   3 3 ↘  1̇2̇·3
衰  情         多  少   壯 幾 時     今

2̲3̲  2̲3̲2̲3̲   2 — 7̣ — 5 —  3̲2̲1  ↘ 1  —
                      奈 老      何
```

註①可謂5 —↘3，或3↘1，乃指唱時由5下滑至3（泛音），3下滑至1（泛音）

　②本曲之"今"拖音甚長，可稍自由變化，將其"吟"韻表現出來。

將進酒

文開詩社吟調

D%4

```
|  6̂ 5̲0̲ 5 2 | 2 3̲5̲ 3 5 | 3 2 3 ·2 | 1·2 1 2 |
   君   不見 黃河 之水  天上 來   奔 流 到 海

| 1 6̣ 6̣̂ 1̲0̲ | 6̂ 5̲0̲ 5 2 | 3 3̲5̲ 2 2 | 3 2 3 0 |
  不 復 回   君   不 見  高堂 明鏡  悲 白 髮

| 1·6̣ 1 2 | 1 6̣ 1 0 | 5 6 6̲i̲ 6 | 6 5 6 0 5̲ |
  朝如 青絲  暮 成 雪   人生 得 意   須 盡 歡

| 3 0 6 5̲6̲ | 5̲3̲ 6 5 0 | 5 5̲2̲ 5 3̲5̲ | 5 3̲5̲ 3·2 |
  莫 使金 樽  空 對 月   天 生 我 才   必 有 用

| 1·2 1 6̣ | 6̲i̲ 6̣ 6̣̂ 1̲0̲ | 6 6̲i̲ i i̲6̲i̲ | 6̲i̲ 6 5 6·5 |
  千金 散 盡  還  復 來   烹羊 宰 牛   且 為 樂

| 3·6̣ 6 6 | 5̲3̲ 6 5 0 | 0 0 0 0 | 0 0 0 0 |
  會須 一 飲  三 百 杯   岑 夫 子    丹 丘 生

| 0 0 0 0 | 0 0 0 0 | %̲ 6 5 | 6 i̲6̲ 6 0 5̲ |
  將 進 酒   杯 莫 停      與 君   歌 一 曲

| 5·6̣ 3 6 | 5̲3̲ 6 5 0 | 5 5̲2̲ 5 3̲5̲ | 5 5̲3̲ 3·2 |
  請君 為我  側 耳 聽   鐘 鼓 饌 玉   不 足 貴
```

| 1·6̣ 6̣ | 6̣ 6̣ 1 0 | 6̇1̇ 6̇ 1̇ 6̇ | 6 56̇ 05 |
但願長醉 不顧醒　古　來聖賢 皆寂寞

| 3·6 6̂5̂ | 2 2 3 0 | 2 3̂5̂ 5 3̂5̂ | 5̂2 2 3̂0̂2̂ |
唯有飲者 留其名　陳王昔時 宴平樂

| 1·2̲ 6̣ | 6̣ 1 1 0 | 6̂1̇ 6̂1̇ 6̂5 | 5 1̇6̇ 6̇7̇ 6·5 |
斗酒十千 恣歡謔　主　人 何為言少　錢

| 5·6̣ 5 6 | 6 5 5 0 | 0 0 0 0 | 0 0 0 0 |
徑須沽取 對君酌　五花馬　千金裘

| 0 0 0 0 | 0 0 0 0 | 6̂1̇ 1̇ 6̇7̇ 6 5 | 3·6̣ 3 6 | rit.
呼兒將出 換美酒　與君　　同銷萬古

| 3̣5 —— 0 |
愁

客至

重修真傳琴譜

3·5 35	3 5 3	3535 3	2	1
舍	南	舍 北	皆	春

3 —	6 1	353 353	1	1
水	但見	群 鷗	日	日

2 —	53 35	6 3	2·3 2
來	花 徑	不 曾	緣 客

6 —	5·6	2 2	1 5
掃	蓬 門	今 始	為 君

6 —	35 35	3·5 35	2 1
開	盤 飱	市 遠	無 兼

3 —	6 1	3·3	1 2
味	樽 酒	家 貧	只 舊

2 —	53 35	6 32	23 5
醅	肯 與	鄰 翁	相 對

6 —	5·6	2 2	1 5
飲	隔 籬	呼 取	盡 餘

| 6 — ‖
|---|
| 杯 |

圈兒詞

潘麗珠曲

| 5 6̂1̂ 5̂6̂4̂5̂ 3̂ 3 — | 2̂3̂5 1̂6̂1 2 — |

相思 欲 寄 無 從 寄

| 2̂3̂5 2̂3̂1̂7̂ 6 — | 2̂3̂5 2̂1̂7̂6̂ 5 — |

畫個 圈兒 替 畫個 圈兒 替

| 5 6̂1̂ 5̂6̂4̂5̂ 3̂ 3 — | 2̂3̂5 1̂6̂1 2 — |

話在 圈兒 外 心在 圈兒 裡

| 2̂3̂5 2̂3̂1̂7̂ 6 — | 3̂2̂3 2̂1̂7̂6̂ 1 — |

我密 密 加 圈 你須 密密知儂意

| 5̂5 3̂5̂6̂1̂ 5. 3 | 5̂5 3̂5̂ 5 6̂ 1 — |

單圈兒是 我 雙圈兒 是 你

| 6̂5 3̂5̂3̂2̂ 1̂2̂3̂2̂ 6 | 6̂3 2̂3̂2̂6̂ 6̂0̂1̂ 2̂0̂1̂2̂6̂ | 5 — — — |

整圈兒 是圓圓破圈兒 是 別 離

| 5 3 5 6 1 6 1 2·3 | 2 0 3 2·3 2 7 6· 2 7 |

還有 那訴不 盡的 相　　　思 把

| 6 0 7 2 2 7 6·5 3 5 6 7 | 5 ── ── ── |

一路 圈兒 圈 到　　底

玖、CD收錄的詩詞曲、散文及現代詩全文

一、詩詞曲部分

1.登鸛鵲樓╱王之渙

白日依山盡，黃河入海流。

欲窮千里目，更上一層樓。

2.塞下曲╱盧綸

月黑雁飛高，單于夜遁逃，

欲將輕騎逐，大雪滿弓刀。

3.過故人莊╱孟浩然

故人具雞黍，邀我至田家。

綠樹村邊合，青山郭外斜。

開軒面場圃，把酒話桑麻。

待到重陽日，還來就菊花。

4.觀獵╱王維

風勁角弓鳴，將軍獵渭城。
草枯鷹眼疾，雪盡馬蹄輕。
忽過新豐市，還歸細柳營。
迴看射鵰處，千里暮雲平。

5.暮春／陸游

數間茅屋鏡湖濱，萬卷藏書不教貧。
燕去燕來還過日，花開花落即經春。
開編喜見平生友，照水驚非曩歲人。
自笑滅胡心尚在，憑高慷慨欲忘身。

6.庭中有奇樹／佚名

庭中有奇樹，綠葉發華滋。
攀條折其榮，將以遺所思。
馨香盈懷袖，路遠莫致之。
此物何足貴！但感別經時。

7.歸園田居／陶潛

種豆南山下，草盛豆苗稀。
晨興理荒穢，帶月荷鋤歸。
道狹草木長，夕露沾我衣。

衣沾不足惜，但使願無違。

8.登幽州臺歌／陳子昂

前不見古人，後不見來者。
念天地之悠悠，獨愴然而涕下。

9.慈烏夜啼／白居易

慈烏失其母，啞啞吐哀音，
晝夜不飛去，經年守故休。
夜夜夜半啼，聞者爲沾襟；
聲中如告訴，未盡反哺心。
百鳥豈無母，爾獨哀怨深？
應是母慈重，使爾悲不任。
昔有吳起者，母歿喪不臨。
嗟哉斯徒輩，其心不如禽！
慈烏復慈烏，鳥中之曾參。

10.南鄉子／李珣

乘彩舫，過蓮塘，棹歌驚起睡鴛鴦，遊女帶花偎伴笑。爭
窈窕，競折團荷遮晚照。

11.相見歡／朱敦儒

金陵城上西樓，倚清秋。萬里夕陽垂地，大江流。

中原亂，簪纓散，幾時收？試倩悲風吹淚，過揚州。

12.西江月·夜行黃沙道中／辛棄疾

明月別枝驚鵲，清風半夜鳴蟬。稻花香裡說豐年，聽取蛙
聲一片。　　七八個星天外，兩三點雨山前。

舊時茅店社林邊，路轉溪橋忽見。

13.四塊玉·閒適／關漢卿

舊酒沒，新醅潑。老瓦盆邊笑呵呵，共山僧野叟閒吟和，
他出一對雞，我出一個鵝，閒快活。

14.水仙子·詠江南／張養浩

一江煙水照晴嵐，兩岸人家接畫檐。芰荷叢一段秋光淡，
看沙鷗舞再三。捲香風十里珠簾。畫船兒天邊至，酒旗兒
風外颭。愛殺江南。

15.宿桐廬江寄廣陵舊遊／孟浩然

山暝聽猿愁，滄江急夜流。風鳴兩岸葉，月照一孤舟。建
德非吾土，維揚憶舊遊。還將兩行淚，遙寄海西頭。

16.登金陵鳳凰臺／李白

鳳凰臺上鳳凰遊，鳳去臺空江自流。吳宮花草埋幽徑，晉代衣冠成古邱。三山半落青天外，二水中分白鷺州。總爲浮雲能蔽日，長安不見使人愁。

17.清平樂／李煜

別來春半，觸目愁腸斷。砌下落梅如雪亂，拂了一身還滿。　雁來音信無憑，路遙歸夢難成。離恨恰如春草，更行更遠還生。

18.採桑子／歐陽修

春深雨過西湖好，百卉爭妍，蝶亂蜂喧，晴日催花暖欲然。　蘭橈畫舸悠悠去，疑是神仙。返照波間，水闊風高颺管絃。

19.夜遊宮‧記夢寄師伯渾／陸游

雪曉清笳亂起，夢遊處不知何地。鐵騎無聲望似水。想關河，雁門西，青海際。睡覺寒燈裡，漏聲斷月斜窗紙。自許封侯在萬里。有誰知，鬢雖殘，心未死。

20.大德歌‧秋／關漢卿

風飄飄，雨瀟瀟，便做陳摶也睡不著，懊惱傷懷抱，撲簌
簌淚點拋。秋蟬兒噪罷寒蛩兒叫，淅零零細雨灑芭蕉。

21.沈醉東風‧漁父詞／白樸

黃蘆岸、白蘋渡口，綠楊堤、紅蓼灘頭。雖無刎頸交，卻
有忘機友：點秋江、白鷺沙鷗。傲殺人間萬戶侯；不識
字、煙波釣叟。

22.水仙子‧春晚／張可久

西山暮雨暗蒼煙，南浦春風艤畫船，水流雲散人空戀，傷
心思去年。　　可憐景物依然，海棠鸚鵡，巖花杜鵑，楊
柳秋千。

23.秋風辭／漢武帝　（顏俊傑吟誦）

秋風起兮白雲飛，草木黃落兮雁南歸。蘭有秀兮菊有芳，
懷佳人兮。泛樓船兮濟汾河，橫中流兮揚素波。簫鼓鳴兮
發棹歌，歡樂極兮哀情多。少壯幾時兮夸老何。

24.將進酒／李白　（王振男吟誦）

君不見黃河之水天上來，奔流到海不復回；君不見高堂明
鏡悲白髮，朝如青絲暮成雪。人生得意須盡歡，莫使金樽

空對月。天生我材必有用，千金散盡還復來。烹羊宰牛且
為樂，會須一飲三百杯。岑夫子，丹丘生，將進酒，杯莫
停。與君歌一曲，請君為我傾耳聽。鐘鼓饌玉不足貴，但
願長醉不願醒。古來聖賢皆寂寞，唯有飲者留其名。陳王
昔時宴平樂，斗酒十千恣歡謔。主人何為言少錢？徑須沽
取對君酌。五花馬，千金裘，呼兒將出換美酒，與爾同銷
萬古愁。

25.客至／杜甫　（王振男吟誦）

舍南舍北皆春水，但見羣鷗日日來。花徑不曾緣客掃，蓬
門今始為君開。盤飧市遠無兼味，家貧無由只舊醅。肯與
鄰翁相對飲，隔籬呼取盡餘杯。

26.武陵春／李清照　（潘麗珠吟誦）

風住塵香花已盡，日晚倦梳頭。物是人非事事休，欲語淚
先流。　聞說雙溪春尚好，也擬泛輕舟。只恐雙溪舴艋
舟，載不動，許多愁。

27.清江引／張可久　（潘麗珠吟誦）

江空月明人起早，渺渺蘭舟棹。風清白露洲，花落紅雨
島。一聲杜鵑春事了。

28.圈兒詞／明·無名氏　（潘麗珠吟誦）

相思欲寄無從寄，畫個圈兒替。話在圈兒外，心在圈兒裡；我密密加圈，你需密密知儂意。單圈兒是我，雙圈兒是你；整圈兒是團圓，破圈兒是別離。還有那數不盡的相思，把一路圈兒圈到底。

二、古文與現代散文部分

＊五柳先生傳／陶潛　（潘麗珠朗讀）

先生不知何許人也，亦不詳其姓字。宅邊有五柳樹，因以為號焉。

閑靜少言，不慕榮利。好讀書，不求甚解；每有會意，便欣然忘食。性嗜酒，家貧不能常得；親舊知其如此，或置酒而招之，造飲輒盡，期在必醉；既醉而退，曾不吝情去留。環堵蕭然，不蔽風日；短褐穿結，簞瓢屢空。──晏如也。常著文章自娛，頗示己志。忘懷得失，以此自終。

贊曰：黔婁之妻有言：「不戚戚於貧賤，不汲汲於富貴。」味其言，茲若人之儔乎？啣觴賦詩，以樂其志。無懷氏之民歟！葛天氏之民歟！

＊岳陽樓記／范仲淹　（張懷中朗讀）

　　慶曆四年春，滕子京謫守巴陵郡。越明年，政通人和，百廢具興。乃重修岳陽樓，增其舊制，刻唐賢、今人詩賦于其上，屬予作文以記之。

　　予觀夫巴陵勝狀，在洞庭一湖。銜遠山，吞長江，浩浩湯湯，橫無際涯，朝暉夕陰，氣象萬千。此則岳陽樓之大觀也！前人之述備矣。然則北通巫峽，南極瀟湘，遷客騷人，多會於此，覽物之情，得無異乎？

　　若夫霪雨霏霏，連月不開；陰風怒號，濁浪排空；日星隱耀，山岳潛形；商旅不行，檣傾楫摧；薄暮冥冥，虎嘯猿啼。登斯樓也，則有去國懷鄉，憂讒畏譏，滿目蕭然，感極而悲者矣！

　　至若春和景明，波瀾不驚；上下天光，一碧萬頃；沙鷗翔集，錦鱗游泳；岸芷汀蘭，郁郁青青。而或長煙一空，皓月千里；浮光耀金，靜影沈璧；漁歌互答，此樂何極！登斯樓也，則有心曠神怡，寵辱皆忘，把酒臨風，其喜洋洋者矣！

　　嗟夫！予嘗求古仁人之心，或異二者之為，何哉？不以物喜，不以己悲。居廟堂之高，則憂其民；處江湖之遠，則憂其君。是進亦憂，退亦憂。然則何時而樂耶？其必曰：「先天下之憂而憂，後天下之樂而樂乎！」噫！微斯人，吾誰與歸？

＊前赤壁賦

赤壁賦／蘇軾　（張懷中朗讀）

　　壬戌之秋，七月既望，蘇子與客泛舟遊於赤壁之下。清風徐來，水波不興。舉酒屬客，誦「明月」之詩，歌「窈窕」之章。少焉，月出於東山之上，徘徊於斗、牛之間。白露橫江，水光接天。縱一葦之所如，凌萬頃之茫然。浩浩乎如馮虛御風，而不知其所止；飄飄乎如遺世獨立，羽化而登仙。

　　於是飲酒樂甚，扣舷而歌之。歌曰：「桂棹兮蘭槳，擊空明兮溯流光。渺渺兮予懷，望美人兮天一方。」客有吹洞簫者，倚歌而和之。其聲嗚嗚然，如怨如慕，如泣如訴；餘音裊裊，不絕如縷；舞幽壑之潛蛟，泣孤舟之嫠婦。

　　蘇子愀然，正襟危坐而問客曰：「何為其然也？」客曰：「『月明星稀，烏鵲南飛』，此非曹孟德之詩乎？西望夏口，東望武昌，山川相繆，郁乎蒼蒼，此非孟德之困於周郎者乎？方其破荊州，下江陵，順流而東也。舳艫千里，旌旗蔽空，釃酒臨江，橫槊賦詩，固一世之雄也，而今安在哉？況吾與子漁樵於江渚之上，侶魚蝦而友麋鹿，駕一葉之扁舟，舉匏尊以相屬；寄蜉蝣於天地，渺滄海之一粟；哀吾生之須臾，羨長江之無窮；挾飛仙以遨遊，抱

明月而長終；知不可乎驟得，托遺響於悲風。」

蘇子曰：「客亦知夫水與月乎？逝者如斯，而未嘗往也；盈虛者如彼，而卒莫消長也。蓋將自其變者而觀之，則天地曾不能以一瞬；自其不變者而觀之，則物與我皆無盡也。而又何羨乎！且夫天地之間，物各有主，苟非吾之所有，雖一毫而莫取。惟江上之清風，與山間之明月，耳得之而爲聲，目遇之而成色，取之無禁，用之不竭，是造物者之無盡藏也，而吾與子之所共適。」

客喜而笑，洗盞更酌。看既盡，杯盤狼籍。相與枕籍乎舟中，不知東方之既白。

＊匆匆／朱自清 （顏俊傑朗讀）

燕子去了，有再來的時候；楊柳枯了，有再青的時候；桃花謝了，有再開的時候。但是，聰明的，你告訴我，我們的日子爲什麼一去不復返呢？——是有人偷了他們罷，那是誰？又藏在何處呢？是他們自己逃走了罷；現在又到了那裡呢？

我不知道他們給了我多少日子，但我的手確乎是漸漸空虛了。在默默裡算著，八千多日子已經從我手中溜去；像針尖上一滴水滴在大海裡，我的日子滴在時間的流裡，沒有聲音，也沒有影子。我不禁汗涔涔而淚潸潸了。

　　去的儘管去了，來的儘管來著；去來的中間，又怎樣
地匆匆呢。早上我起來的時候，小屋裡射進兩三方斜斜的
太陽。太陽他有腳啊，輕輕悄悄地挪移了；我也茫茫然跟
著旋轉。於是──洗手的時候，日子從水盆裡過去；喫飯
的時候，日子從飯碗裡過去；默默時，便從凝然的雙眼前
過去。我覺察他去的匆匆了，伸出手遮挽時，他又從遮挽
著的手邊過去。天黑時，我躺在牀上，他便伶伶俐俐地從
我身上跨過，從我腳邊飛去了。等我睜開眼和太陽再見，
這算又溜走了一日。我掩著面嘆息，但是新來的日子的影
兒又開始在嘆息裡閃過了。

　　在逃去如飛的日子裡，在千門萬戶的世界裡的我能做
些什麼呢？祇有徘徊罷了，祇有匆匆罷了；在多日的匆匆
裡，除徘徊外，又賸些什麼呢？過去的日子如輕煙，被微
風散了；如薄霧，被初陽蒸融了；我留著些什麼痕迹呢？
我何曾留著像游絲樣的痕迹呢？我赤裸裸來到這世界，轉
眼間也將赤裸裸的回去罷？但不能平的，爲什麼偏白白走
這一遭啊？

　　你聰明的，告訴我，我們的日子爲甚麼一去不復返
呢？

故鄉的桂花雨／琦君　（潘麗珠朗讀）

　　中秋節前後，就是故鄉的桂花季節。一提到桂花，那股子香味就彷彿聞到了。桂花有兩種，月月開的稱木樨，花朵較細小，呈淡黃色，臺灣好像也有，我曾在走過人家圍牆外時聞到這香味，一聞到就會引起鄉愁。另一種稱金桂，只有秋天才開，花朵較大，呈金黃色。我家的大宅院中，前後兩大片曠場，沿著圍牆，種的全是金桂。惟有正屋大廳前的庭院中，種著兩株木樨、兩株繡球。還有父親書房前的廊簷下，是幾盆茶花與木樨相間。

　　小時候，無論什麼花，我都不懂得欣賞。儘管父親指指點點地告訴我，這是凌霄花、這是叮咚花、這是木碧花……，我除了記些名稱外，最喜歡的還是桂花。桂花樹不像梅花那麼有姿態，笨笨拙拙的，不開花時，只是滿樹茂密的葉子，開花季節也得仔細地從綠藻叢找細花，不與繁花鬥豔。可是桂花的香氣味，真是迷人。迷人的的原因，是它不但可以聞，還可以吃。「吃花」在詩人看來是多麼俗氣。但我寧可俗，就是愛桂花。桂花，真叫我魂牽夢縈。

　　故鄉是近海縣分，八月正是颱風季節。母親稱之為「風水忌」。桂花一開放，母親就開始擔心了，「可別做風水啊？」她擔心的第一是將收成的稻穀，第二就是將收成的桂花。桂花也像桃梅李果，也有收成呢！母親每天都

要在前後院子走一遭，嘴裡念著：「只要不做風水，我可以收幾大籮。送一斗給胡宅老爺爺，一斗給毛宅二嬸婆，他們兩家糕餅做得多。」原來桂花是糕餅的香料。桂花開得最茂盛時，不說香聞十里，至少前後左右十幾家鄰居，沒有不浸在桂花香裡的。桂花成熟時，就應當「搖」，搖下來的桂花，朵朵完整、新鮮，如任它開過謝落在泥土裡，尤其是被風雨吹落，那就溼落落的，香味差太多了。「搖桂花」對於我是件大事，所以老是盯著母親問：「媽，怎麼還不搖桂花嘛？」母親說：「還早呢，沒開足，搖不下來的。」可是母親一看天空陰雲密布，雲腳長毛，就知道要「做風水」了，趕緊吩咐長工提前「搖桂花」，這下，我可樂了。幫著在桂花樹下鋪篾簟，幫著抱住桂花樹使勁地搖，桂花紛紛落下來，落得我們滿頭滿身，我就喊：「啊！真像下雨，好香的雨啊。」母親洗淨雙手，撮一撮桂花放在水晶盤中，送到佛堂供佛，父親點上檀香，爐煙裊裊，兩種香混和在一起，佛堂就像神仙世界。於是父親詩興發了，即時口占一絕：「細細香風淡淡煙，競收桂子慶豐年。兒童解得搖花樂，花雨繽紛入夢甜。」詩雖不見得高明，但在我心目中，父親確實是才高八斗，出口成詩呢！桂花搖落以後，全家動員，揀去小枝小葉，鋪開在簟子裡，曬上好幾天太陽，曬乾了，放在鐵

罐子裡，和在茶葉中泡茶，做桂花滷，週年時做糕餅。全年，整個村莊，都沈浸在桂花香中。

念中學時到了杭州，杭州有一處名勝滿覺隴，一座小小山塢，全是桂花，花開時那才是香聞十里。我們秋季遠足，一定去滿覺隴賞桂花，「賞花」是藉口，主要的是飽餐「桂花栗子羹」。因滿覺隴除桂花以外，還有栗子。花季栗子正成熟，軟軟的新剝栗子，和著西湖白蓮藕粉一起煮，而撒上幾朵桂花，那股子雅淡清香是無論如何沒有字眼形容的。即使不撒桂花也一樣清香，因為栗子長在桂花叢中，本身就帶有桂花香。我們邊走邊搖，桂花飄落如雨，地上不見泥土，鋪滿桂花，踩在花上軟綿綿的，心中十分不忍。這大概就是母親說的「金沙鋪地，西方極樂世界」吧！母親一生辛勞，無怨無礙，就是因為她心中有一個金沙鋪地的西方極樂世界。

我回家時，總捧一大袋桂花回來給母親，可是母親常常說：「杭州的桂花再香，還是比不得家鄉舊宅院子裡的金桂。」於是我也想起了在故鄉童年時代的「搖花樂」，和那陣陣的桂花雨。

另外一種遊歷／林艮　（王振男朗讀）

遊歷使人嘗到空間變幻的趣味，可以說是一種「動

物」的趣味。如果沒有合適的機會，不能嘗試那種趣味，那麼，還有另外一種遊歷，也值得試試。那就是在固定不變的空間，親歷時間變幻的趣味。這種趣味，該說是「植物」的趣味了。

現代人都是生活極有規律的動物，每天在固定的時間出門，固定的時間回家，固定的時間吃飯，固定的時間睡覺，固定的時間大便；因此，他所知道的自己的家，也只是固定的某些時間內的家。在那個時間以外的，恐怕他所知道的並不多。說是知道，也只是一種粗略的臆測，未必真是親身經歷的吧。

我對於每天上午十點到十二點這段時間的家，素來懷著很大的好奇心，想親歷它的情趣，苦等三年，沒有機會。一直到去年的「有一天」，因為感冒很厲害，就斷然的請了半天假，才算達成宿願。雖然肉體的痛苦很難熬，但是那次「時間的遊歷」卻使我難忘。

那也是個夏天，太陽把門外的柏油路面烤得「油潤油潤」的，發出一種扎眼的光。四周安靜得甚麼聲音都聽得見。我真聽到了幾聲母雞下蛋以後報告「嬰兒」誕生的叫聲，在大城裡這是很難得的。我還聽到幾聲搓衣聲，倒水聲。人海也有潮汐，住宅區的人潮在那個時刻正湧到工廠、商店、學校、辦公大樓。住宅區正處在安靜的退潮時

刻。沒有大馬達聲在你的腦子裡擂鼓，沒有鄰居那些小龍
小虎在你的鼓膜上刮玻璃；只有兩三條街外一聲兩聲清脆
的汽車喇叭。

　　頭一次聽到從來不說話的鄰居主婦說話。那是一個故
事，顯然是對她那個四歲的兒子說的：『從前……。』大概
風向變了，或者小孩子跑開了，她的故事沒有講完，小孩
子始終沒出聲。

　　『不可以！』又聽到她的聲音。大概是小孩子去玩兒自
來水了。

　　還有這一邊的鄰家，也像空房子那麼靜。要不是那一
陣電話鈴，還以為都上市場去了。鈴聲響，有人去接，是
主婦的聲音：『中午又不回來吃飯了？你好好聽著，玲玲
跟你說話。』接著是那梳著兩條小辮子，每天晚上在門口
玩到八點半的玲玲的聲音：『爸爸，爸爸，爸爸。』接著又
是主婦的聲音：『安心做事吧，晚上早點兒回來。』

　　我自己的的主婦在那個時刻，也正在辦公室裡安心工
作，因為家裡有我帶著老三；像我這樣細心的「奶公」，
她實在應該放心。因為我斷然的請了半天假，阿釧就也向
主婦請了假：『反正家裡有先生一個人就夠了。』她說。在
她的觀念裡，養養病，順便帶孩子，是一種理想的安排。

　　老三在小牀上睡覺，臉上一片安寧，帶著一種不知有

「以埃衝突」更無論越戰的笑容。我去看了她一下，把遮住她眼角的一絡頭髮拿開。她眼皮動了動，但是沒醒，小嘴兒空喂兩下。

我回到客廳，隔著紗門看一看小院子。仲夏近午的小院子，烤得白熱白熱的。靠牆的那一小片草地，像是鍋裡的蒜苗。我喜歡的一小叢竹子，瘦得蕭灑，帶著一種夏天不出汗的秀氣，在牆角靜立。兩棵畸形生長的聖誕紅，怪裡怪氣的挨著牆喘息。

有一道光柱射進客廳。這一道光，正好射在茶几上。茶几上有一小盆萬年青，萬年青旁邊是煙灰缸。我發現這三樣東西在光柱裡有一種韻致。為了找這種韻致，我走進書房，又我發現馬上亂七八糟的厚書薄書在仲夏上午十一點多的時候有一種韻致。我到了自己的臥室，又發現窗簾和衣櫥也有一種平日沒留心的「家」的意味。再到廚房，陽光似乎把鍋鏟都擦亮了，使我想起童年搭法國郵輪所看到的發亮的船上廚房。

後院裡幾竹竿衣服，晾在白熱陽光下，件件帶著它主人的神氣。一個外人看到一竹竿衣服，不過就是一竹竿衣服；但是一個家裡人看起來，那是一家人另外一種形式的團聚。主婦在辦公室裡，老大、老二在學校裡，這是一家人「散」的時刻。可是人卻不那麼容易真「散」，這幾竹

竿衣服留下了永恆的「聚」。還有那窗窗和衣櫥，還有那盆萬年青和煙灰缸，還有我喜歡的那一小叢竹子，還有那發亮的廚房，都留下了「聚」的形跡，「聚」的芬芳。

客廳裡的光柱略有移動。我在相同的空間裡經歷了時間的變幻。我從事一次時間的遊歷。那種新鮮的感覺，跟經歷一次景色的變幻近似。是不是也可以這麼說，這次兩個小時的遊歷，使我的生命更新？使我更能體會到家的意味？

*雷雨交加的午後／廖玉蕙 　（潘麗珠朗讀）

在ＢＢＳ上，看到高速公路大溪交流道附近荷花盛開的消息：

「黎明第一線曙光照映下的荷花最美，飽滿的露珠從豐潤荷葉滑下的剎那，讓人深刻感受到生命的壯美與無常。」

於是，喜歡攝影的兒子和沈迷畫畫的外子被這段纏綿的文字所吸引，決定相偕去一探究竟。

星期天的早晨，天還沒亮，兩個人輕手輕腳的漱洗、整裝，朦朧間，彷彿聽到他倆壓低著聲音商量著要不要叫醒我。我睏極了！沒搭腔，等我再睜開眼時，已不見了他們的蹤影，只見白板上有兩則留言：

「我們看荷花去了！午餐在外解決，不勞費神！」

「我到圖書館看書去了！中午不回來吃飯，一切請自理囉！抱歉哦！」後面是女兒的筆迹，那口氣，彷彿一向是她在操持家務似的。

屋子裡空盪盪的，悄無聲息。原本是熱鬧、忙碌的星期假日，陡然變得清閒極了！我打開音向，讓韋瓦第的四季在屋裡流洩，配合著曼特寧的咖啡香，我有點兒興奮地打算度過一個寧靜的星期天。

午飯過後，天空開始飄起細雨。幾道閃電過後，一陣陣悶雷接踵而至。我立在窗前，心情開始浮動。眼看著大雨即將滂沱，而讀書和看花人卻都不知身在何方！正癡癡思想著，雨已傾盆而下，那氣勢，幾乎可排山倒海。風狂雨暴，從窗口望出去，行人紛紛走避，遠遠的，瞧見一輛腳踏車上的女孩兒已被淋成落湯雞，猶兀自強撐著和風雨搏鬥著前進。正替她操心著，仔細一看，不禁大吃一驚，不正是女兒嗎！

跌跌撞撞的進門的女兒，邊打著哆嗦，邊說：「我從圖書館往外看，天色逐漸變暗，又打雷又閃電的，我怕你擔心，趕緊騎上車回來。哪知，雨跑得比我還快！我一路騎，它一路追，終於還是被它給追上了！」

總算放下一半的心！但是，雷電交加，想起昨夜兩位

看花人提及要順道轉往山上獵「豔」，一顆心旋即又懸在半空中，會不會被雷雨困在山裡？會不會躲在危險的樹下？我神經質地檢查電話是否掛好了？不停的拿起電話試試可否撥得通？一會兒憑窗佇立，一會兒繞室徘徊。時間一點一滴的過去，電話卻仍舊靜悄悄的。擔憂之餘，憤怒的情緒開始逐漸發酵！我對著女兒痛罵那兩個可惡的、杳無音訊的男人！賭咒若平安歸來，絕不輕饒！正聲色俱厲間，電話鈴響起，兒子在電話那頭朗聲說：

「我們正在深坑，天氣很棒！很適合照相；爸爸也畫了不少作品，今天的收穫不錯哦！……啊！下雨？沒呀！一滴雨也沒呀！」

「我知道了！那你們盡情的玩好了，不必急著回來，反正也沒什麼事！」我幾近巴結的鼓勵他們。

放下電話，不管女兒投來的狐疑的眼光，我愉快的唱起歌來！

三、現代詩部分

1. 等你，在雨中／余光中　（顏俊傑、潘麗珠朗誦）

等你，在雨中，在造虹的雨中

　蟬聲沈落，蛙聲昇起

一池的紅蓮如紅燄，在雨中

你來不來都一樣，竟感覺
　　每朵紅蓮都像你
尤其隔著黃昏，隔著這樣的細雨

永恆，剎那，剎那，永恆
　　等你，在時間之外
在時間之內，等你，在剎那，在永恆

如果你的手在我的手裡，此刻
　　如果你的清芬
在我的鼻孔，我會說，小情人

諾，這隻手應該採蓮，在吳宮
　　這隻手應該
搖一柄桂槳，在木蘭舟中

一顆星懸在科學館的飛簷
　　耳墜子一般地懸著
瑞士錶說都七點了。忽然你走來

步雨後的紅蓮，翩翩，你走來

　像一首小令

從一則愛情的典故裡你走來

從姜白石的詞裡，有韻地，你走來

2.夜讀曹操／余光中　（Ａ獨誦：林子弘／Ｂ團誦：顏俊傑、林子弘、宋珀源、張懷中、潘麗珠）

夜讀曹操，竟起了烈士的幻覺

震盪腔膛的節奏忐忑

依然是暮年這片壯心

依然是滿峽風浪

前仆後繼，輪番搖撼這孤島

依然是長堤的堅決，一臂

把燈塔的無畏，一拳

伸向那一片恫嚇，恫黑

寒流之夜，風聲轉緊

她憐我深更危坐的側影

問我要喝點什麼，要酒呢要茶

我想要茶，這滿肚鬱積

正需要一壺熱茶來消化

又想要酒，這滿懷憂傷
豈能缺一杯烈酒來澆淋
苦茶令人清醒，當此長夜
老酒令人沈酣，對此亂局
但我怎能飲酒又飲茶
又要醉中之樂，又要醒中之機
正沈吟不決，她一笑說
「那就，讓你讀你的詩去吧」
也不顧海闊，樓高
竟留我一人夜讀曹操
獨飲這非茶非酒，亦茶亦酒
獨飲混茫之漢魏
獨飲這至醒之中之至醉

3.麥當勞午餐時間／羅門 （顏俊傑、林子弘、宋珀源、
張懷中朗誦）
一、
一羣年輕人
帶著風
衝進來
被最亮的位置

拉過去
同整座城
坐在一起

窗內一盤餐飲
窗外一盤街景
手裡的刀叉
較來往的車
還快速地穿過
迷妳而帥勁的
中午

二、
三兩個中年人
坐在疲累裡
手裡的刀叉
慢慢張開成筷子的雙腳
走回三十年前鎮上的小館
六隻眼睛望來
六隻大頭蒼蠅
在出神

整張桌面忽然暗成
一幅記憶
那瓶紅露酒
又不知酒言酒語
把中午說到
那裡去了

當一陣陣年輕人
來去的強風
從自動門裡
吹進吹出
你可聽見寒林裡
飄零的葉音

三、
一個老年人
坐在角落裡
穿著太合身的
成衣西裝
吃完不太合胃的
漢堡

怎麼想也想不到
漢朝的城堡那裡去
玻璃大廈該不是
那片發光的水田

枯坐成一棵
室內裝潢的老松
不說話還好
一自言自語
必又是同震耳的炮聲
在說話了

說著說著
眼前的晌午
已是眼裡的昏暮

4.雨滴的意象／朵思　（潘麗珠朗誦）

雨滴從介入視域開始
便一直淅瀝淅瀝唱著輕輕敲擊地殼
的寂寞

一滴水的前身

凝成天空的心事

再一片片降下飛絮般的傷心

於是，天空的心情便擾亂了你我的心情

雨滴的聲音，便變成了你要告訴我的聲音

其實，不管從樹梢、屋脊、天空

滑下跌落旋飛的每一滴

雨滴的意象

我都將接住

因為我也是執意將自己獻出的那一滴

5.風鈴／楊牧　（潘麗珠朗誦）

雨止，風緊，稀薄的陽光

向東南方傾斜，我聽到

輕巧的聲音在屋角穿梭

想像那無非是往昔錯過的用心

在一定的冷漠之後

化為季節雲煙，回歸

驚醒

想像那是記憶

記憶.的風鈴

大聲搖過我們的曾經

秋之午後，當陽光試探了

水缸冷暖又將反影投射

天花板上，不斷波動

凝視一張喧嘩嘶濺的牀

我仰首默數光彩如潮

洶湧，在正上方變化

如暈，如雲，如星殞

依序升沈

如韻

我聽到

鈴聲跌宕過

收穫的瓜園

阻於圍牆，遂反彈到半開的窗前

再不猶豫，飛踢到牀上依偎

依偎著通紅的頰／飄零

是髮，惺忪是眼──

那音樂，這時，充滿了

亢奮的血管，一萬條支流，
發源於夢的古潭，上下
頡頏，又一萬條支流
發源於夢的古潭
接觸，匯合
滂沛若洪水

想像那是記憶
記憶的風鈴大聲飄過
我們曾經的
秋之午後

6.誰願意傾聽／吳晟 　（宋珀源朗誦）

如果我委婉述說
綠葉盈盈、稻穗款擺
如何在平坦如鏡的水田
認眞繁衍自給自足的飽滿
你願意傾聽嗎

如果我激烈表達
工業毒水肆虐的水田

如何伴隨蔓草　　叢生憂傷
叢生稻作快速萎縮的夢魘
你願意傾聽嗎

如果我痛切陳詞
所有目光集中經濟指數
各級官僚與議堂
如何縱容開發名目
霸道侵吞農地
你聽見了嗎

你聽見米糧即將棄絕的警訊
逐漸逼近了嗎
那一幅幅飢荒國度
不忍描述的乾瘠、浮腫、餓孚滿野
失去了悲哀的能力
只剩下空茫

注定是台灣島民的未來嗎
無論委婉、激烈或痛切
總之掩藏不住憂慮

啊，滔資訊喧囂嚷擾
各有眩目招搖的音調
我該尋求怎樣的發聲
才有誰願意傾聽
──八十六年八月二十七日《台灣日報》副刊

7.氣象報告／蕭蕭　　（潘麗珠朗誦）

氣象報告說：
長江上游僅僅兩晝夜
低氣壓就到了下游上空
濃濃的雲層那麼輕易
從臺灣海峽
君臨華中

爸爸早就不種田了
我卻關心起電視臺的氣象報告
其實，如果明天下雨
帶一把黑傘就是了
沒有黑傘，也有黑髮
還能抵禦
小寒

氣象報告也不一定說中天意

可是，除了雲

偶爾帶來一點長江上游的消息，

我們又知道多少

昨天的華南或者今天的西域？

只好日日守著七點五十分

被氣象圖上紅外線拍攝的

雲，潑濕

黃河的水

也不抵禦

8. 小島速寫／陳義芝　（潘麗珠朗誦）

海灣細緻的曲線

像提琴

岬角是滑脫待續的音符

潮浪吐著夢話

沙灘午眠了

啄人眼的陽光錯愕於出水的貝殼

海水載浮著小島

白鳥在山之上之下

滑翔

藍天包圍著遠海的小船

漁人在水之上之下

遙望

——原載一九九四·九《台灣詩學季刊》

9.詩海悠遊／潘麗珠　（潘麗珠朗誦）

我是一隻悠游詩海的精靈

請聽聽我的聲音

在古典詩歌綿長的流域裡

可以青青子衿悠悠我心可以

樂莫樂兮新相識悲莫悲兮生別離可以

採菊東籬下悠然見南山

當然也可以

白日放歌杜甫青春縱酒李白

突圍蘇東坡和夜讀辛棄疾

其間也曾探望想到雙溪尋春而終究

沒有成行的李清照

和浪子班頭關漢卿閒聊救風塵

我是一隻悠游詩海的精靈

總會遇到一些記憶深刻的事情

在現代詩歌寬廣的流域裡

好奇問過周夢蝶在雪中取火

　是冷還是不冷

等余光中在紅蓮細雨之中

　　有韻地走來

看洛夫落款水墨微笑

聽瘂弦相同河南腔唱如歌的行板

細數鄭愁予達達的馬蹄哪裡錯誤

也摸過商禽禽瞻仰歲月的長頸鹿

偶爾

慶幸湯顯祖為牡丹亭沒有白了黑頭

還有許許多多來不及停泊的名山渡口

一路游來
音韻鏗鏘崢崢嶸嶸如山
平仄相協冷冷瀧瀧如水
字句規範像道路的號誌規範著單行道
雙向通車或禁止轉彎
而玩賞吟誦與滿足則是國際駕照

參加王潤華搬演皮影戲
和同伴和白靈合唱大黃河

有一次還不小心
踢到陳克華掉在地上的保險套
而嘴裡正咀嚼陳黎辛苦栽種的蔥

還有很多更多趣味等著與我相逢

游來游去游啊游啊
採擷驚嘆號一束又一束
享受百川匯納自由自在地吞吐
有時候即使被句龍字陣的迷宮困住
細細玩賞聲聲吟誦
啊,滿足

10.再鴻門／陳大為(林子弘朗誦)

1.閱讀:在鴻門

來,坐下來,翻開你期待的精裝
展讀這件古老的大事,在烈酒的時辰
在遺憾叢生的心理位置。

如你所願的：金屬與流體的夜宴
音樂埋伏在戈的側面，像鷹又像犬
偉大事件的構圖不留縫隙
氣氛裡潛泳著多尾緊張的成語
你不自覺走進司馬遷的設定：
成為范增的心情，替他處心替他積慮；

情節僵硬地發展，英雄想把自己飲乾
你在范增的動作裡動作
形同火車在軌上無謂掙扎
劍舞完，你立刻翻頁並吃掉頁碼！
也來不及暗算或直接狙殺
你的憤恨膨脹，足以獨立成另一章。

會有不同的成語令你冷汗不止。
2.記史：再鴻門
是一頭麒麟，被時間鏤空的歷史
是一頭封鎖在竹簡內部的麒麟
「沈睡，但未死去。」
司馬遷研磨著思維與洞悉
在盤算，如何喚醒並釋放牠的蹄。

敍述的大軍朝著鴻門句句推進
「這是本紀的轉折必須處理……」
「但有關的細節和對話你不曾聆聽！」
「歷史也是一則手寫的故事、
一串舊文字，任我詮釋任我組織。」

寫實一頭遙傳的麟獸
寫實百年前英雄的舉止與念頭
再鴻門——他撒豆成兵運筆如神
亮了燭，溫了酒，活了人
樊噲是樊噲，范增是范增
歷史的骷髏都還原了血肉——在鴻門！

劍拔弩張的文言文，點睛的版本
麒麟在他嚴謹的虛構裡再生。
3.構特：不再鴻門
本紀是強悍的胎教定型了大腦
情節已在你閱歷裡硬化
可能結石在膽，可能開始潰爛盲腸
八百三的敍事無非替蛇添足
不如從兩翼顛覆內外夾攻！

但我只有六十行狹長的版圖
住不下大人物,演不出大衝突
我的鴻門是一匹受困的獸
在籠裡把龐大濃縮,往暗處點火:

不必有霸王和漢王的夜宴
不去捏造對白,不去描繪舞劍
我要在你的預料之外書寫
寫你的閱讀,司馬遷的意圖
寫我對再鴻門的異議與策略
同時襯上一層薄薄的音樂……

參考書目

美讀與朗誦　邱燮友　幼獅文化公司

千禧龍吟（有聲出版品）　潘麗珠策劃　幼獅文化公司

詩經吟誦及解說　魏子雲　萬卷樓圖書公司

朗誦研究　林文寶　文史哲出版社

國音及語言運用　張素貞、張正男等　三民書局

文學與音律　謝雲飛　東大圖書公司

古典戲曲聲樂論著叢編　學海出版社

古詩詞文吟誦　陳少松　社會科學文獻出版社

律學新說　明‧朱載堉　人民音樂出版社

曲譜研究　周維培　江蘇古籍出版社

聲樂藝術美學　余篤剛　高等教育出版社

戲曲聲腔源流史　廖奔　貫雅文化公司

中國古代音樂教育　修海林　上海教育出版社

臺灣現代詩教學研究　潘麗珠　五南圖書公司

學與教的心理學　邵瑞珍主編　華東師範大學出版社

附

錄

從多元智慧理論
談關漢卿〈閒適〉的吟誦教學

何謂「多元智慧理論」?

西元 1983 年,美國哈佛大學心理學家迦納 (Howard Gardner) 在其所著的《智力架構》一書中提出,人至少有七項基本智慧的存在,這七種智慧分別是:

語文智慧:有效地運用口頭語言或書寫文字的能力。包括把句法、音韻學、語義學、語言實用學結合並運用自如的能力。

邏輯:數學智慧:有效地運用數字或推理的能力。包括對邏輯的方式和關係、陳述和主張、因果、功能及其他相關的抽象概念的敏感性。

空間智慧:準確地感覺視覺空間,並把所知覺到的表現出來。包括色彩、線條、形狀、形式、空間及它們之間關係的敏感性。

肢體:動覺智慧:善於運用整個身體來表達想法和感覺,以及運用雙手靈巧地生產或改造事物。包括特殊的身體技巧,如協調、平衡、敏捷、力量、彈性和速度,以及自身感受的、觸覺的和由觸覺引起的能力。

音樂智慧：察覺、辨別、改變和表達音樂的能力。包括對節奏、音調、旋律或音色的敏感性。

人際智慧：察覺並區分他人的情緒、意向、動機及感覺的能力。包括對臉部表情、聲音和動作的敏感性，辨別不同人際關係的暗示，以及對這些暗示做出適當反應的能力。

內省智慧：有自知之明，並據此做出適當行為的能力。包括對自己相當了解，意識到自己的內在情緒、意向、動機、脾氣和欲求，以及自律、自知和自尊的能力。

根據《經營多元智慧》一書的說法，這項理論的要點主要有四：

一、每個人都具備所有七項智慧。

二、大多數人的智慧可以發展到充分勝任的水準。

三、智慧通常以複雜的方式統合運作。

四、每一項智慧裡都有多種表現智慧的方法。

筆者依據數年的教學經驗與心得，深信此項說法的正確性。同時，亦將之運用在各人的詩歌教學上，成效頗佳。以對詩歌作品的學習來說，除了文字情意的理解，聲音情緒的體會亦十分重要，諸如語長、句式結構、平仄律、對偶律、韻腳等這些與歌韻聲情相關的知識，如果教師未加注意、處理，學習者何由得知「詩」與「文」的區別？又

如何清楚認知「詩」之所以稱為「詩歌」的道理？當然也就談不上體會孔子與弟子「風乎舞雩詠而歸」的美境了。而詩歌聲情，正與「多元智慧理論」中的音樂智慧和空間智慧，甚至動覺智慧關係密切者；詩歌文情則與語文智慧和內省智慧，甚至人際智慧有關。試以國民中學國文第六冊第五課「元曲選」中，關漢卿【四塊玉·閒適】這首作品為例，加以說明。茲將原文引出：

> 舊酒沒，新醅潑。老瓦盆邊笑呵呵，共山僧野叟閒吟和，他出一對雞，我出一個鵝，閒快活。

舉凡對此詩的作者、文義、聲訓、風格之理解，皆屬語文智慧的範疇殆無疑義。而關漢卿此詩所表現出來的閒適、豁達的人生意趣，則提供了我們內省的借鏡；他出雞，我出鵝的自然互動，豈非人際間的禮尚往來？於是，當我們對此篇作品進行透徹的文情理解時，實際和「語文智慧、內省智慧和人際智慧」的開發有關。

至於這篇作品的詩歌聲情，先說押韻：元曲【四塊玉】的曲式規範，首句未必定要押韻，但關漢卿於此押了韻，所以此篇韻腳是「沒、潑、呵、和、鵝、活」，也就是說，這首詩歌雖有七句，卻只有六個語長（語長是依據韻

腳做判斷的，同一語長內的句子在以聲音處理──例如朗讀或吟誦──時，需比較緊密），「他出一對雞，我出一個鵝」兩句中間的停頓較小，可以看成是一組句子，其他六句則各成單位。而韻腳是詩歌中的重點所在，就像音樂旋律中的強拍，在以聲音處理時不宜等閒放過。以上我們考慮語長、韻腳等問題，關涉音聲的部分，另，包括曲子規範的平仄在內，實際都是音樂智慧的範疇。再來，第一、二句「舊酒沒，新醅潑」和第五、六句「他出一對雞，我出一個鵝」（「一對、一個」是襯字）屬對句形式，於空間視覺上有其對應關係，故與空間智慧有關。此外，何以與動覺智慧有關？假如我們在韻腳或較具動態的詩句上（如「笑呵呵」、「出雞、鵝」等）做一些相關動作（如踏腳或拍手或將動態表演出來）以助記憶或增添趣味，則便是動覺智慧的融入。

接下來，就是筆者以「多元智慧理論」對關漢卿〈閒適〉一曲的吟誦教學設計：

一、全篇音義問題處理完畢後，讓學生齊聲朗讀一遍，朗讀時於韻腳字的後面，拍一下手。（說明「共」字是襯字，讀的時候與「山僧」合為一拍。）

二、說明「吟」與「誦」的不同及表現特色、方法。（請參考筆者發表於本刊八十三年四月，九卷十一期〈詩

歌吟唱誦讀的觀念及要領〉一文。）讓學生以各排為單位
進行「輪誦」，一邊朗誦一邊於「笑呵呵」和「出一對
雞」、「出一個鵝」文句處做動作（動作可由教師自行設
計）。

　　三、以一人吟唱，其餘學生齊聲朗誦方式進行「滾
誦」。〈閑適〉的吟唱簡譜如下——

　　5－3－1－3－5－1－5--5--5－
　　舊　　酒　　沒　，　新　醅　潑。

　　3－5－1－2－3－5－6－6－5－6--6--
　　老　瓦　盆　　邊　　笑　呵　呵，

　　6－5－6－6－3－5－1－3－3--5－1--
　　共　　山僧野　　叟閑　吟　和，

　　他出一對雞，我出一個鵝，（不吟唱，夾「誦」方
式）

　　3－2－1--3－2－1--
　　閑　快　活。閑　快　活。

　　四、全體一起吟唱〈閑適〉，先用快速度，復用略慢速
度，再恢復快速度。吟唱快速度時加入拍手（韻腳之後
拍）及教師設計之動作。

說明：

　　一、吟唱採行吟方式，非正式曲調，但盡可能以合乎

「聲調與樂調結合」之原則。教師亦可遵此原則設計唱腔。此與「多元智慧理論」之音樂智慧的發展相關。

二、拍手與動作的加入，一方面有助韻腳的記憶，一方面與「多元智慧理論」的動覺智慧相關。

三、如採用對襯或平衡形式的動作設計，則與「多元智慧理論」之空間（視覺）智慧相關。

四、重視運用「多元智慧理論」，實是加強學生對教學過程的印象及作品的理解。由於多元智慧的統合運作，記憶必然較為深刻，對詩歌的內容也就不易忘懷。

筆者始終相信：國文教學絕非呆板的知識傳授而已，學生的學習也絕非單純的認知與淺薄的記憶。我們都有這樣的經驗：孩童時期所學得的諸如〈甜蜜的家庭〉或〈綠油精〉之旋律腔調及歌詞，經過十幾二十年後猶琅琅上口。究其因，實與語文智慧和音樂智慧甚至動覺智慧的統合學習有關。從教師的立場來說，教學方法的多方嘗試，新的教學理論的吸收，在這尊重多元的教育環境中，無疑存在著極大的發揮空間，適合教師們想方設法，將學習者吸引至文學及文化的殿堂裡而樂在其中。

作者與CD參與者簡介

潘麗珠　臺灣師大國文系教授，噴泉詩社、南廬吟社吟唱
　　　　隊指導老師，推行詩歌朗誦與吟唱活動不遺餘力

王振男　臺灣師大國文系畢業，學習古詩吟唱多年，現任
　　　　台北市忠孝國中國文教師

顏俊傑　臺灣師大國文系畢業，台北市建國中學紅樓詩社
　　　　創社社長，現任台北縣三和國中國文教師

林子弘　臺灣師大國文系畢業，曾任臺灣師大南廬吟社吟
　　　　唱組組長，現任台北市建國中學國文教師

宋珀源　臺灣師大歷史系畢業，曾任臺灣師大南廬吟社社
　　　　長、台北市建國中學歷史教師，現為臺灣師大歷
　　　　史研究所碩士生

張懷中　台北市成功高中二年級生，曾獲台北市高中學生
　　　　組朗讀冠軍、臺灣區朗讀比賽高中學生組第四名

CD曲目

一、古典詩文部分

1.登鸛鵲樓 /王之渙　93

2.塞下曲 /盧綸　93

3.過故人莊 /孟浩然　93

4.觀獵 /王維　93

5.暮春 /陸游　94

6.庭中有奇樹 /佚名　94

7.歸園田居 /陶潛　/94

8.登幽州臺歌 /陳子昂　95

9.慈烏夜啼 /白居易　95

10.南鄉子 /李珣　95

11.相見歡 /朱敦儒　96

12.西江月·夜行黃沙道中 /辛棄疾　96

13.四塊玉·閒適 /關漢卿　96

14.水仙子·詠江南 /張養浩　96

15.宿桐廬江寄廣陵舊遊 /孟浩然　96

16.登金陵鳳凰臺 /李白　97

17 清平樂 /李煜 97

18. 採桑子 /歐陽修 97

19. 夜遊宮‧記夢寄師伯渾 /陸游 97

20. 大德歌‧秋 /關漢卿 97

21. 沈醉東風‧漁父詞 /白樸 98

22. 水仙子‧春晚 /張可久 98

23. 秋風辭 /漢武帝 98

24. 將進酒 /李白 98

25. 客至 /杜甫 99

26. 武陵春 /李清照 99

27. 清江引 /張可久 99

28. 囤兒詞 /明無名氏 100

29. 五柳先生傳 /陶潛 100

30. 岳陽樓記 /范仲淹 100

31. 赤壁賦 /蘇軾 102

二、 現代詩文部分

1. 匆匆 /朱自清 103

2. 故鄉的桂花雨 /琦君 104

3. 另外一種遊歷 /林良 107

4. 雷雨交加的午後 /廖玉蕙 111

5. 等你，在雨中 ／余光中　113

6. 夜讀曹操 ／余光中　115

7. 雨滴的意象 ／朵思　119

8. 風鈴 ／楊牧　120

9. 誰願意傾聽 ／吳晟　122

10. 氣象報告 ／蕭蕭　124

11. 小島速寫 ／陳義芝　125

12. 詩海悠遊 ／潘麗珠　126

13. 再馮門 ／陳大為　127

14. 夜讀曹操 ／余光中　115

15. 麥當勞午餐時間 ／羅門　116

跋

　　這個月(91年5月)的某個週六上午，筆者前往台北市中山女高擔任該校現代詩朗誦比賽的評審，遇到一位任職該校的張姓年輕國文教師，他是師大國文系八五級學生，也是筆者第一次擔任大三導師班的學生，現在又回到國文系研究所碩士班在職進修。見到了我，打過招呼後，我為他介紹另一位評審：師大附中龍祥輝老師。他竟然當著龍老師的面，稱我「學姐」。這真是一個有趣的場面！我既替年輕人的狂氣感到活力充沛，卻也為年輕人的不知分寸感觸良深。據說，他曾經自鳴得意地對他的學生誇稱「所有的甲骨文都懂」，而他的學生裡，有一位家長正是學界研究甲骨文的專家，學生轉述他的話後，家長只微笑地說了一句：「甲骨文我只懂了一半。」

　　筆者所任教的師大國文系，素以「尊師重道、講究倫理」著名，雖然尊什麼樣的師，重什麼樣的道，以及講究什麼樣的倫理，可以思辨、不無討論空間，但絕對與「狂傲」無關。「狂傲」與《論語》中所說「狂狷」之「狂」不同；「狂狷」之「狂」宜從「個性的行動力」來看，能破能立，敢言敢做，但心性出發點是良善溫厚，而不是儀表

詞色的傲慢，不是文化涵養的膚淺，不是外在行爲的無禮莽撞。幾年前，筆者開始認眞思索「知識人的驕傲」此一問題，從某個角度說，知識就是力量，擁有某一方面的知識的人，可以因擅長、操作知識而擁有權力，但如果不是用於正道，這樣的知識非但無益，反而有害，這在我們目前的社會、政治各層面種種光怪陸離的現象裡，昭昭可見。於是讀書人的溫柔敦厚便顯得更重要了。然而，溫柔敦厚的人，卻常常被短視近利者誤以爲痴、傻、呆、愚，或者「溫柔敦厚」竟就等於「笨」的代名詞，「溫柔敦厚詩教也」一不小心就成了腦筋急轉彎似的笑話。可是，事實究竟是怎樣的呢？

《禮記·經解》篇說：「溫柔敦厚而不愚，深於詩者也。」可見眞正懂詩的人，旣溫柔敦厚，又不愚昧，而這個社會上的確多的是這樣「深於詩的人」，只不過他們默默地付出，在自己的崗位上精勤努力。筆者不敢自恃懂詩，但經常以此自我惕勉。《雅歌淸韻》的再版說明了一件事：「德不孤，必有鄰。」衷心感謝讀者朋友的支持！

歡迎更多的知音，吟詩讀文一起來！

潘麗珠　謹誌於二〇〇二年五月底

國家圖書館出版品預行編目資料

雅歌清韻：吟詩讀文一起來(修訂版) ／
潘麗珠著. --再版-- 臺北市：萬卷樓,
民 91

　面；　　　公分

ISBN 957－739－394－2(平裝附光碟
片)

　1.中國文學-朗讀與吟唱-教學法 2.中等
教育-教學法

524.31　　　　　　　　91009385

雅歌清韻

吟詩讀文一起來(附 2CD)(修訂版)

策畫製作：潘麗珠
發 行 人：許錟輝
出 版 者：萬卷樓圖書有限公司
　　　　　臺北市羅斯福路二段 41 號 6 樓之 3
　　　　　電話(02)23216565・23952992
　　　　　FAX(02)23944113
　　　　　劃撥帳號 15624015
出版登記證：新聞局局版臺業字第 5655 號
網 站 網 址：http://www.wanjuan.com.tw
E-mail：wanjuan@tpts5.seed.net.tw
經 銷 代 理：紅螞蟻圖書有限公司
　　　　　臺北市內湖區舊宗路二段 121 巷 28 號 4F
　　　　　電話(02)27953656(代表號)　傳真(02)27954100
E-mail：red0511@ms51.hinet.net
承 印 廠 商：晟齊實業有限公司
定 　 　 價：500 元
出 版 日 期：民國 90 年 1 月初版
　　　　　民國 91 年 6 月再版

ISBN 957－739－394－2